CLEP

College Level Examination Program

Foreign Language Series

Copyright © 2016

All rights reserved. No part of the material protected by this copyright notice may be reproduced or utilized in any form or by any means, electronic or mechanical, including photocopying or recording or by any information storage and retrievable system, without written permission from the copyright holder.

To obtain permission(s) to use the material from this work for any purpose including workshops or seminars, please submit a written request to:

XAMonline, Inc.
21 Orient Avenue
Melrose, MA 02176
Toll Free: 1-800-301-4647
Email: info@xamonline.com
Web: www.xamonline.com
Fax: 1-617-583-5552

Library of Congress Cataloging-in-Publication Data
Wynne, Sharon

CLEP Foreign Language Series/ Sharon Wynne
   ISBN: 978-1-60787-577-2

1. CLEP   2. Study Guides   3. Foreign Language   4. French
5. German   6. Spanish

Disclaimer:

The opinions expressed in this publication are the sole works of XAMonline and were created independently from the College Board, or other testing affiliates. Between the time of publication and printing, specific test standards as well as testing formats and website information may change that are not included in part or in whole within this product. XAMonline develops sample test questions, and they reflect similar content as on real tests; however, they are not former tests. XAMonline assembles content that aligns with test standards but makes no claims nor guarantees candidates a passing score.

Printed in the United States of America

CLEP Foreign Language Series
ISBN: 978-1-60787-577-2

TABLE OF CONTENTS

Spanish 1

Section I Sample Test 2

Section II Sample Test 5

Section III Sample Test 15

Answer Key 29

Rationales 30

French 70

Section I Sample Test 71

Section II Sample Test 74

Section III Sample Test 82

Answer Key 105

Rationales 106

German 115

Section I Sample Test 116

Section II Sample Test 121

Section III Sample Test 129

Answer Key 140

Rationales 141

SPANISH

Description of the Examination

The Spanish Language examination is designed to measure knowledge and ability equivalent to that of students who have completed two to four semesters of college Spanish language study. The exam focuses on skills typically achieved from the end of the first year through the second year of college study; material taught during both years is incorporated into a single exam.

The examination contains approximately 120 questions to be answered in approximately 90 minutes. Some of these are pretest questions that will not be scored. There are three separately timed sections. The three sections are weighted so that each question contributes equally to the total score. Any time candidates spend on tutorials or providing personal information is in addition to the actual testing time.

There are two Listening sections and one Reading section. Each section has its own timing requirements.
- The two Listening sections together are approximately 30 minutes in length. The amount of time candidates have to answer a question varies according to the section and does not include the time they spend listening to the test material.
- The Reading section is 60 minutes in length.

Most colleges that award credit for the Spanish Language exam award either two or four semesters of credit, depending on the candidate's test scores.

Knowledge and Skills Required

Questions on the Spanish Language examination require candidates to comprehend written and spoken Spanish. The subject matter is drawn from the following abilities. The percentages next to the main topics indicate the approximate percentage of exam questions on that ability.

60%   **Section III: Reading**
- 16% Part A: Discrete sentences (vocabulary and structure)
- 20% Part B: Short cloze passages (vocabulary and structure)
- 24% Part C: Reading passages and authentic stimulus materials (reading comprehension)

15%   **Section I:**
- Listening: Rejoinders
- Listening comprehension through short oral exchanges

25%   **Section II:**
- Listening: Dialogues and Narratives
- Listening comprehension through longer spoken selections

SPANISH

SECTION I
Listening: Rejoinders

Directions: You will hear short conversations or parts of conversations. You will then hear four responses, designated (A), (B), (C), and (D). After you hear the four responses, select the response that most logically continues or completes the conversation. Fill in the corresponding oval on your answer sheet. Neither the answer choices nor the conversations will be printed in your test booklet, so you must listen very carefully. You will have 10 seconds to choose your response before the next conversation begins.

Número 1. **HOMBRE:** Si fuera millonario como tú, compraría una casa en Miami.
MUJER:
A. Yo voy para los Estados Unidos en agosto.
B. Gracias a la venta de lotería, se sostiene la salud del país.
C. Creo que es un gasto inoficioso.
D. Mis abuelos viven en Miami.

Número 2. **HOMBRE:** ¿Qué hora es?
MUJER:
A. 3 de Septiembre.
B. Las 10 en punto.
C. Son las 15 más 60.
D. 1998.

Número 3. **MUJER:** Hola Andrés, ¿Cómo se llama tu abuela?
HOMBRE:
A. Pedro.
B. Raúl.
C. Andrés.
D. María.

Número 4. **MUJER:** ¿Has visto la nueva película de comedia?
HOMBRE:
A. No la he visto.
B. No lo he visto.
C. Ya lo vi.
D. Ya las vi.

Número 5. **HOMBRE:** ¿Has estado alguna vez en Bogotá?
MUJER:
A. No fue.
B. Si, estuvo.
C. El año pasado.
D. Si, hemos estado una vez.

Número 6. **HOMBRE:** ¿Vamos a cine esta noche?
MUJER:
A. Voy de vacaciones en diciembre.
B. Comencé la universidad hace una semana.
C. Me fui para la casa.
D. Debo estudiar para un examen que tendré mañana.

Número 7.   **HOMBRE:** ¿Qué programa estudias en la universidad?
                MUJER: A. Lenguas modernas.
                                  B. Un ejercicio de matemáticas.
                                  C. Para una prueba de español.
                                  D. El programa de televisión, «Los Simpsons».

Número 8.   **HOMBRE:** ¿Por qué la despidieron del trabajo?
                MUJER: A. Porque siempre daba lo mejor de ella para realizar cualquier tarea de su trabajo.
                                  B. Porque la reconocieron por su buen trabajo.
                                  C. Porque era la mejor trabajadora.
                                  D. Porque siempre llegaba tarde.

Número 9.   **HOMBRE:** Estuve viajando todo el día.
                MUJER: A. ¿Qué lugares conociste?
                                  B. ¿Qué cenaste?
                                  C. ¿Cómo se llama tú mascota?
                                  D. ¿Cómo es la luna?

Número 10.   **HOMBRE:** Viajaré a México el próximo mes.
                MUJER: A. ¿Qué hiciste en navidad?
                                  B. ¿Comprarás un avión?
                                  C. ¿Visitarás a Claudia?
                                  D. No sabía que te gustaba Manizales.

Número 11.   **HOMBRE:** El médico me prohibió el licor.
                MUJER: A. ¿Qué coctel quieres?
                                  B. ¿Te invito a tomar whisky?
                                  C. ¿Cuál es tu licor favorito?
                                  D. ¿Por cuánto tiempo?

Número 12.   **MUJER:**   ¿Vives en una casa o un apartamento?
                HOMBRE: A. Mi madre vive en una casa.
                                  B. ¡Adivina!, en un edificio.
                                  C. Mi hermana vive en un apartamento.
                                  D. La universidad es muy grande.

Número 13.   **MUJER:**   ¿Cuál es tu nacionalidad?
                HOMBRE: A. Perú.
                                  B. Colombiano.
                                  C. Argentina.
                                  D. Brasilia.

SPANISH

Número 14.   **MUJER:**   ¿Qué vehículo tienes?
                HOMBRE: A. Un carro y una motocicleta.
                              B. Una casa en la playa.
                              C. Un perro pequeño.
                              D. Una piscina privada.

Número 15.   **MUJER:**   ¿Tocas algún instrumento?
                HOMBRE: A. Mi padre toca la batería.
                              B. Toco la puerta de mi casa.
                              C. Guitarra y además canto.
                              D. Mi hija está estudiando piano.

Número 16.   **MUJER:**   ¿Te gustan los animales?
                HOMBRE: A. Me gustan todos.
                              B. Mi abuela tiene dos perros.
                              C. A mi tía le encantan los pájaros.
                              D. Mi novia tiene cuatro gatos.

Número 17.   **MUJER:**   ¿Tienes hijos?
                HOMBRE: A. Tenemos dos niñas.
                              B. Ella está embarazada.
                              C. Se llama Luciana.
                              D. Se fue de vacaciones.

Número 18.   **MUJER:**   ¿Tu novia habla español?
                HOMBRE: A. Sí, hablo español.
                              B. Sí, hablo cuatro idiomas.
                              C. Sí, es su lengua materna.
                              D. No, ella es de Argentina.

SPANISH

SECTION II
Listening: Dialogues and Narratives

Directions: You will hear a series of dialogues, news reports, narratives, and announcements. Listen carefully, as each selection will only be spoken once. One or more questions with four possible answers are printed in your test booklet. They will not be spoken. After each selection has been read, choose the best answer choice for each question and fill in the corresponding oval on your answer sheet. You will be given 12 seconds to answer each question.

Selección número 1

Dos amigos en el aeropuerto

MÓNICA: Entonces, Andrés, ¿Cómo va tu nuevo trabajo?
ANDRÉS: Muy bien. Inicié hace seis meses y es genial.
MÓNICA: Y hasta el momento ¿A qué países has ido?
ANDRÉS: Principalmente a los de Europa. ¡Me encantan!
MÓNICA: ¿Y pudiste conocer los Países Bajos, porque son un gran atractivo turístico?
ANDRES: Lastimosamente no, porque después de cada vuelo terminé muy exhausto y solo tuve tiempo para irme a descansar a mi cuarto de hotel.
MÓNICA: Bueno, yo sé que tú sirves bebidas y comidas. ¿Qué otras funciones tienes?
ANDRES: A ver, ayudamos a los pasajeros nerviosos o enfermos. También nos cercioramos de que la gente obedezca y cumpla con las reglas de seguridad.
MÓNICA: ¡Vaya! Tu trabajo es fantástico, quisiera uno de esos.
ANDRES: Si es bastante bueno, sin embargo, algunas veces los horarios son muy extensos y no tengo tiempo para compartir con mi familia.

NARRADOR: Ahora contesta las preguntas 19, 20, y 21.

19. ¿Qué países conoce Andrés?

    A. Italia, Francia, y España.

    B. Casi toda Europa, excepto de los países Bajos.

    C. Países Bajos.

    D. Alemania, Inglaterra, y Suecia.

20. ¿A qué se dedica Mónica?

    A. A servir bebidas y comidas

    B. Es compañera de trabajo de Andrés.

    C. Ella no menciona su actividad.

    D. Es amiga de Andrés.

21. Además de servir bebidas y comidas, ¿qué otros servicios se prestan en los vuelos?

    A. Asesorar a los pasajeros en el uso del baño.

    B. Dar recomendaciones sobre el comportamiento de los pasajeros durante el vuelo.

    C. Verificar los boletos de vuelo de los pasajeros.

    D. No se presta ningún servicio adicional.

SPANISH

Selección número 2

¿Dónde está el dentista?

LAURA: Buenos días, Señor Vigilante, tengo un dolor muy fuerte en mi muela y quisiera que me atendieran lo más pronto posible para sanar mi dolor.

VIGILANTE: Buenos días, chica. Debes esperar un momento mientras atienden a los pacientes que han llegado antes de ti, ¿Puedes darme tu nombre y número de identificación?

LAURA: Si, mira es Laura Colorado y mi número es 10465741.

VIGILANTE: Puedes sentarte en las sillas que se encuentran en el pasillo.

LAURA: Muchas gracias, Señor Vigilante

DOCTORA LINA: Laura puedes seguir. ¿Cuéntame que te pasa?

LAURA: Buenas noches, Doctora. Me está doliendo mucho mi muela y quisiera que me recetaras algún medicamento.

DOCTORA LINA: Primero debo examinarte para saber exactamente qué es lo que te sucede.

LAURA: Umm, ¡Está bien!

DOCTORA LINA: Laura, lamento decirte que debo extraerte la muela. El problema está afectando tu nervio.

LAURA: A pesar de que suena muy doloroso, lo permitiré. Muchas gracias, Doctora.

NARRADOR: Ahora contesta las preguntas de 22, 23, y 24.

22. ¿Qué desea Laura al ingresar al Centro Médico?

   A. Que el vigilante le saque la muela.

   B. Que le presten el servicio de inmediato.

   C. Que la afilien al sistema de salud.

   D. Que atiendan a su madre urgentemente.

23. ¿Qué le solicita el vigilante a Laura?

   A. Sus datos personales.

   B. La dirección de ella.

   C. Los datos personales de su madre.

   D. Su nombre y número telefónico.

24. ¿Quién se sienta en las sillas del pasillo?

   A. La madre de Laura.

   B. La doctora.

   C. Laura y su madre.

   D. La paciente.

SPANISH

Selección número 3

En la Universidad

ADRIANA: Hola querida amiga, ¿cómo estás?
LORENA: Hola amiga, un poco preocupada porque ya se acerca el final del último corte y no entiendo el tema del examen de Física II.
ADRIANA: ¿Y qué tal es tu profesor?
LORENA: Es difícil porque los temas que él dicta son muy abstractos y no sabe explicarlos muy bien.
ADRIANA: ¿Y cuál es el tema que no entiendes?
LORENA: El tema de Ley de Gauss.
ADRIANA: ¡Ah!, ¡Interesante! No te preocupes amiga. Yo te puedo ayudar con eso.
LORENA: Que buena noticia, me volvió el alma al cuerpo. ¿Cuándo me puedes explicar?
ADRIANA: Hoy mismo, y sé que te va a ir muy bien con mi ayuda.
LORENA: Muchas gracias amiga. Te debo este favor.

NARRADOR: Ahora contesta las preguntas 25, 26, y 27.

25. ¿Qué son las dos mujeres del diálogo?

    A. Primas.

    B. Hermanas.

    C. Compañeras.

    D. Familiares.

26. ¿Por qué está preocupada una de las mujeres?

    A. Porque no ha tenido tiempo de estudiar.

    B. Porque no entiende el tema de la prueba.

    C. Porque perdió el examen.

    D. Porque su profesor diseña exámenes muy difíciles de pasar.

27. Mencione las razones por lo que el tema es difícil:

    A. Tiene muchos temas de matemática y física.

    B. Son inconcretos y ella no le entiende a su profesor.

    C. Ella no entiende el idioma del profesor.

    D. Ella ha faltado a varias clases.

SPANISH

Selección número 4

Dos compañeros de trabajo

FELIPE: Hola Claudia, ¿sabes cuál es la última noticia?

CLAUDIA: No sé, ¿Me puedes compartir esa información?

FELIPE: Parece que las ventas están muy bajas y la competencia de la industria de las golosinas está muy fuerte.

CLAUDIA: ¿Pero, esto nos afecta?

FELIPE: Por supuesto, de hecho esta mañana el gerente en una reunión corporativa anunció algunos cierres de unas sucursales que funcionan en nuestro país y habrán despidos.

CLAUDIA: Es bastante alarmante, pero también escuché que las personas que van a continuar trabajando son las que llevan más de dos años en la compañía.

FELIPE: ¡Uf! entonces tú y yo seguiremos ya que somos también excelentes, no te preocupes

CLAUDIA: Esperemos que sí, porque el día de mañana será la decisión definitiva

FELIPE: Perfecto, Claudia. Pronto nos volvemos a ver y ojalá sea en esta misma compañía.

CLAUDIA: Listo querido Felipe. Estaremos en contacto.

NARRADOR: Ahora contesta las preguntas 28, 29, y 30.

28. ¿Qué le va a compartir Felipe a Claudia?

    A. Unas golosinas muy exquisitas.

    B. Las nuevas estrategias que tiene la Compañía.

    C. Le va a decir que la empresa tiene clientes nuevos.

    D. Una información muy importante.

29. Lo que le dice Felipe a Claudia tiene que ver con:

    A. Las ventas altas y el dinamismo de la competencia.

    B. Las ventas bajas y la intensidad de la competencia.

    C. Las ventas y la competencia fuerte.

    D. Las ventas y la competencia.

30. ¿Afectaría a los empleados de la empresa el anuncio que dio el gerente?

    A. No, porque el cierre de sucursales no afectará a los empleados.

    B. No, porque la sucursales nuevas generarán más empleos.

    C. Sí, porque el cierre de las sucursales provocará despidos.

    D. Sí, porque el cierre de las sucursales generará caos.

SPANISH

Selección número 5

Viaje

LUCIANA: Ven, ¿cuéntame cómo te fue en el viaje?
JACOBO: Estuvo genial, lástima que no fuiste, ¿Qué te paso?
LUCIANA: ¡Que rabia! Tenía que cumplir con un informe de trabajo y desafortunadamente coincidieron las fechas, ¿Y qué tal Venecia?
JACOBO: ¡Es encantadora, sus canales, sus hoteles, su gastronomía y sus paisajes son fantásticos!
LUCIANA: Ojalá hubiera podido ir, pero mi esposo también estaba muy indispuesto y lo único que quería hacer era visitar al doctor. Por lo tanto fue difícil acompañarte.
JACOBO: Para una próxima ocasión, planeamos un viaje incluso mejor que éste.
LUCIANA: Si, me parece muy buena idea.

NARRADOR: Ahora contesta las preguntas 31, 32, y 33.

31. ¿Cómo le fue en el viaje a Jacobo?

    A. Tuvo muchos inconvenientes.

    B. Le fue muy bien pero no le gusto la ciudad a su esposa.

    C. Le dio mucha rabia porque le fue mal.

    D. Muy bien, pero le dio tristeza porque su amiga no fue.

32. ¿Por qué no fue Luciana al viaje?

    A. Porque su esposo estaba muy indispuesto.

    B. Porque el esposo debía ir al doctor y ella debía presentar informes.

    C. Porque no tenía dinero.

    D. Porque al pagar las deudas no le quedo dinero.

32. ¿En qué se destaca Venecia?

    A. En sus paisajes, hoteles, canales, y gastronomía.

    B. En sus canales, hoteles, y gastronomía.

    C. En su gastronomía, paisajes, y canales.

    D. Por su laguna adriática.

SPANISH

Selección número 6

La aplicación número 1 de los teléfonos móviles

En la actualidad, *WhatsApp* ha revolucionado las comunicaciones en el mundo entero, pero está perjudicando a las Compañías que ofrecen mensajería instantánea y llamada de voz. *WhatsApp*, como es conocido, funciona con datos, como 3G, 2G o Wi-Fi. Esta aplicación se destaca por ofrecer servicios de calidad sin precio alguno; al igual que sus competidores actuales como *Tango, Viber, Line,* etcétera sin embargo, ésta aplicación marca la diferencia por sus cerca de 500 mil usuarios activos en el 2015, y porque cuenta con muchas características que son llamativas para los usuarios entre las que sobresalen; la actualización de los contactos a través de la agenda del teléfono móvil, la gratuidad para los distintos sistemas operativos como: *iOS, Android, Windows Phone, BlackBerry*, y la comunicación en tiempo real.

NARRADOR: Ahora contesta las preguntas 34, 35, y 36.

33. ¿Qué beneficios le ha traído WhatsApp a las empresas de comunicaciones?

   A. Los usuarios se pueden comunicar en tiempo real.

   B. Ha generado más empleo dentro de las compañías.

   C. Al contrario, WhatsApp las está afectando.

   D. Ha obligado a hacer alianzas entre las compañías.

35. ¿Por qué medio de conexión funciona WhatsApp?

   A. Wifi, 2G, 3G.

   B. 2G, 1G, 4G.

   C. Wifi, 3G ,4G.

   D. Wifi, 2G,4G.

36. ¿En la actualidad cuántos usuarios activos tiene WhatsApp?

   A. Medio millón de usuarios.

   B. Mil quinientos millones de usuarios.

   C. Quinientos millones de usuarios.

   D. Un millón de usuarios.

Selección número 7
El ejercicio físico: Un buen aliado

No cabe duda que el ejercicio es bueno para el cuerpo y la mente, y una adecuada práctica de éste aumenta los niveles de energía e incluso ayuda a equilibrar las emociones. Los expertos recomiendan hacer ejercicio por 60 minutos cada día, sin embargo, sólo el 15 por ciento lo practican, el resto de la población lo abandona por falta de interés, y se dedican mejor al sedentarismo, siendo éste último el causante de las enfermedades que aquejan a las personas en la actualidad. El ejercicio es sinónimo de prevención, si se practica con regularidad. Lo más probable es que los trastornos, las dolencias, y los desequilibrios emocionales serán temas del pasado.

NARRADOR: Ahora contesta las preguntas 37, 38, y 39.

37. ¿Qué produce el ejercicio?

    A. Una mente y un cuerpo sano, y contribuye al equilibrio de las emociones.

    B. Oxigena el cerebro y quema calorías.

    C. Aumenta los niveles de energía y ayuda a la concentración.

    D. Mejora la capacidad mental para desarrollar las actividades cotidianas efectivamente.

38. ¿Qué recomiendan los expertos?

    A. Caminar durante 60 minutos cada día.

    B. Hacer 70 minutos de ejercicio cada día.

    C. Trotar media hora y caminar otra media hora.

    D. Hacer una hora de ejercicio cada día.

39. Según la narración, ¿cuántas son las personas que están practicando ejercicio?:

    A. El 75 por ciento de la población lo practica.

    B. La cuarta parte de la población lo practica.

    C. La mitad de la población lo practica dos veces al día.

    D. El 50 por ciento de la población lo practica.

SPANISH

Selección número 8

La realidad del cambio climático

Es indiscutible, el cambio climático es evidente y está sucediendo. Gracias al descontrol del ser humano en el uso desmesurado de herramientas modernas y otros elementos para hacer la vida más fácil y cómoda a la humanidad y que ha afectado el planeta. Se está generando un efecto devastador que está terminando con la vida de la fauna y la flora del planeta tierra. El calentamiento global debería empezar a disminuir, pero al contrario, la actividad de los seres humanos lo está aumentando cada día más. Los estudios demuestran que los últimos 11 años han sido los más calurosos, incrementando la temperatura global promedio en 0.74°C durante el Siglo XXI, y a esto se suma el dióxido de carbono que ha dominado el comportamiento de este cambio climático.

NARRADOR: Ahora contesta las preguntas 40, 41, y 42.

40. ¿Cómo perjudica el humano al planeta tierra?

    A. Con los desperdicios que emiten las empresas.

    B. Con el uso de trenes.

    C. Con la utilización de tecnologías.

    D. Con el arrojo de basuras a los ríos.

41. ¿Cuáles especies se están extinguiendo debido al cambio climático?

    A. Los jaguares.

    B. La flora y fauna amazónica.

    C. Todas las especies del África.

    D. La fauna y flora de todos los continentes.

42. ¿Está disminuyendo el calentamiento global?

    A. Sí, porque el humano se ha concientizado para cuidar el planeta.

    B. No, porque los humanos lo aumentan con sus actividades.

    C. Sí, porque la contaminación los disminuye cada día.

    D. No, al contrario, los humanos están derrumbando los bosques.

SPANISH

Selección número 9

La religión en un mundo complejo

Las religiones están viviendo uno de sus mejores momentos. El hecho reside es que por primera vez en muchos años se puede diferenciar claramente entre las creencias y la estructura social moderna. Pues en los últimos años ante tantos problemas que enfrenta el mundo actual, se están generando vivencias negativas para muchas personas como: la depresión, la baja autoestima, entre otras. Lo que están aprovechando para dar a conocer la palabra de salvación al dar absolución a los pecados. Sin embargo, según un informe hecho por una universidad colombiana a los participantes religiosos, sólo la mitad de las propuestas establecidas por la religión han sido exitosas en Latinoamérica, por consiguiente, los líderes religiosos deben ser constantes con la expansión de las iglesias y templos, para ir en búsqueda de una religión sólida que prometa y cumpla cada palabra.

NARRADOR: Ahora contesta las preguntas 43, 44, y 45

43. ¿Qué religiones se mencionan en el texto?

   A. El Hinduismo.

   B. El Cristianismo.

   C. El Budismo.

   D. Todas las religiones.

44. ¿Por qué las religiones están en su mejor momento?

   A. Porque debido a la violencia, las religiones juegan un papel de liderazgo en la generación de paz.

   B. Porque la fe es la tendencia actual.

   C. Porque hay más construcciones de templos e iglesias.

   D. Porque debido a las enfermedades emocionales del Siglo XXI, las personas buscan la fe.

45. ¿De qué manera están inculcando las religiones la fe en las personas?

   A. Guiando al hombre hacia la paz.

   B. Enseñando el camino de lo divino a través de la redención.

   C. Mostrando testimonios de personas que han conseguido la felicidad.

   D. Dando herramientas para aprender a orar o meditar.

Selección número 10

Comprar o no comprar

Un comprador compulsivo difícilmente puede controlarse. No es grave cuando compra para satisfacer sus necesidades, pero si lo es cuando decide comprar cosas que no necesita. Muchos expertos afirman que las personas que se comportan de esta manera, están ligados a diversos trastornos psicológicos que además están afectando su círculo social. La depresión y la ansiedad son las causas principales por la que las personas con esta enfermedad deciden comprar exageradamente. La personalidad típica del comprador compulsivo es una mujer o un hombre, no importa que clase social, que ha desarrollado una costumbre que fuerza a comprar ropa, zapatos, joyas, productos de belleza, aparatos tecnológicos, y otras herramientas para el hogar. Sobre este tema se deben modificar estos comportamientos, porque se debe entender que comprar no hace feliz a nadie. Al final termina consumiendo a las personas y quizás con el dolor de haber gastado un dinero que necesitaba realmente para otras cosas más importantes.

NARRADOR: Ahora contesta las preguntas de la 46, 47, y 48.

46. Una persona que va de compras constantemente es:

    A. Un comprador generoso.

    B. Feliz.

    C. Satisface todas sus necesidades.

    D. Padece de un trastorno psicológico.

47. ¿Cuál es la causa por la que una persona se convierte en un comprador compulsivo?

    A. La falta de gastarse el dinero.

    B. El pensamiento consumista.

    C. Estados del comprador compulsivo después de ir de compras.

    D. Trastornos emocionales.

48. ¿Cuál es la verdadera problemática que refleja la narración?

    A. Los daños que puede causar comprar exageradamente.

    B. Los trastornos emocionales.

    C. Cómo debemos invertir nuestro dinero.

    D. Qué lugares debemos visitar para hacer compras.

SPANISH

SECTION III
Reading Part A: Discreet Sentences

Directions: The following statements are incomplete, followed by four suggested completions. Select the one that best completes the sentence.

49. Aquellos libros son _____ Juan Carlos.

    A. encima

    B. para

    C. dentro

    D. por

50. Mi abuela se _____ de cólera hace dos años.

    A. enferma

    B. enfermera

    C. enfermó

    D. enfermaron

51. Maud Wagner es la _____ tatuadora reconocida en los Estados Unidos.

    A. primeras

    B. primero

    C. primera

    D. primeros

52. La Tierra _____ alrededor del Sol todos los días.

    A. giró

    B. girar

    C. giraba

    D. gira

53. Julieta es capaz de memorizar datos _____.

    A. fácilmente.

    B. facilidad.

    C. facílmente.

    D. fácil.

54. Ernesto y Ramón _____ estado hablando sobre política durante toda la reunión.

    A. a

    B. ha

    C. han

    D. hemos

55. La _____ aun y cuando no sea metálica, puede llegar a ser pesada. De ahí su nombre, que proviene de la palabra griega *baros*. Tiene diversos usos en la industria automotriz y médica.

    A. varita

    B. varitas

    C. barita

    D. baritas

56. ¿Quiénes se _____ al vecindario la semana pasada?

    A. viene

    B. trae

    C. están

    D. mudaron

57. Yo estaba _____ la ropa sucia mientras tú cocinabas.

    A. lavar

    B. planchando

    C. lavando

    D. habiendo planchado

58. A mí me gusta escuchar _____ radio _____ enterarme de las noticias Internacionales.

    A. el, por

    B. la, para

    C. el, debido a

    D. el, para

59. Marcelo _____ Hilda se conocen _____ que tenían cinco años de edad.

    A. e, desde

    B. y, desde

    C. e, por

    D. y, durante

60. Aun y cuando no _____ limpiar la casa, lo tienen que hacer.

    A. quieres

    B. quiera

    C. querer

    D. quieran

61. _____ papá quiere verte enseguida.

    A. tu

    B. Tú

    C. Tu

    D. tús

SPANISH

62. Los aviones son _____

    A. guapas.

    B. metálicas.

    C. perezosos.

    D. rápidos.

63. _____ no sabían que yo había ganado el concurso, hasta que Tomás les dio la noticia.

    A. Todavía

    B. Ellos

    C. María

    D. Para

64. _____ tuvieron una _____ discusión sobre política.

    A. María y Juan, débil

    B. Antonella y Mario, fuerte

    C. Carlos y Brenda, apoderada

    D. María y Juan, sencilla

65. ¿Cuál es el predicado en la siguiente oración?

    Ana María y sus hermanas son las hijas del dueño de la hacienda.

    A. Ana María y sus hermanas son

    B. Ana María

    C. son las hijas del dueño de la hacienda

    D. las hijas de dueño de la hacienda

66. Todos me dijeron que en el festival bailé **estupendamente.** La palabra subrayada es:

    A. adjetivo.

    B. adverbio.

    C. complemento circunstancial de modo.

    D. B y C.

67. _____ niño tiene gripe.

    A. La

    B. Los

    C. Las

    D. El

SPANISH

SECTION III
Reading Part B: Short Cloze Passages

Directions: In each of the following paragraphs, there are blanks indicating that words or phrases have been omitted. For each blank, choose the completion that is most appropriate, given the context of the entire paragraph.

I. ___68___ Dálmata es una ___69___ de perros originarios de la histórica región de Dalmacia. ___70___ característica principal es el ___71___ blanco con manchas negras.

68. A. Un
    B. Los
    C. El
    D. La

69. A. raza
    B. rasa
    C. razo
    D. raso

70. A. Una
    B. Sus
    C. Unos
    D. Los

71. A. pelos
    B. pelaje
    C. cabello
    D. cabellera

II. A mi ___72___ materna le dio el ___73___. La cual, es una enfermedad causada por un virus, altamente mortal. Quienes la padecen se quejan de un agudo dolor en la ___74___. Dicha enfermedad se detectó por primera vez en 1976 y desde entonces no se ha podido erradicar al ___75___ porciento.

72. A. abuelas
    B. abuela
    C. ebola
    D. ébola

73. A. abuelas
    B. abuela
    C. ebola
    D. ébola

74. A. cienes
    B. sien
    C. cien
    D. sienes

75. A. cienes
    B. sien
    C. cien
    D. sienes

III. *El ingenioso hidalgo Don Quijote de La Mancha* es la novela más publicada y ___76___ de la historia después de La Biblia. La ___77___ Miguel de Cervantes Saavedra. La segunda parte ___78___ en 1615 y desde entonces ha influenciado la ___79___.

76. A. traducción
    B. traducida
    C. traduje
    D. tradujeron

77. A. escribió
    B. escrita
    C. escritura
    D. han escrito

78. A. apareció
    B. escribió
    C. mostró
    D. se perdió

79. A. economía
    B. literatura
    C. publicidad
    D. mercadotecnia

IV. Una pregunta frecuente en la medicina es ¿___80___ dan comezón las cicatrices? Se cree que es ___81___ la piel se está regenerando y deshaciéndose del tejido muerto, generando comezón. Quienes pasan por esta situación se preocupan ___82___ la cicatriz pueda infectarse. Información a fondo sobre el ___83___ de dicho malestar puede ser encontrada en línea y libros referentes al tema.

80. A. porque
    B. por que
    C. Por qué
    D. porqué

81. A. porque
    B. por que
    C. Por qué
    D. porqué

82. A. porque
    B. por que
    C. Por qué
    D. porqué

83. A. porque
    B. por que
    C. Por qué
    D. porqué

SPANISH

V. Leonor y yo ____84____ conocemos desde la primaria. Ella vivía ____85____ mi vecindario. Todos los días caminábamos juntas hacia la escuela. A veces la ___86___ a jugar a ___87___ casa.

84. A. nos
B. se
C. las
D. te

85. A. por
B. para
C. entre
D. de

86. A. llamaba
B. manchaba
C. invitaba
D. invité

87. A. tu
B. mi
C. mí
D. tú

VI. Hay __88__ edificios históricos en esta calle. La biblioteca es la primera. __89__ museo está a la izquierda de la biblioteca. ____90____ del museo está el teatro. El teatro es mi edificio favorito, porque es el más ___91____ de todos, datando desde la época colonial.

88. A. dos
B. cuatro
C. tres
D. uno

89. A. Un
B. El
C. Allá
D. Ahí

90. A. Encima
B. Sobre
C. Debajo
D. Detrás

91. A. antiguo
B. descuidado
C. nuevo
D. sucio

SPANISH

SECTION III

Reading Part C: Reading Passages & Authentic Stimulus Material

Directions: Read each of the passages below. Each passage is followed by questions or incomplete statements. Choose the best answer according to the text and mark in the corresponding answer.

(c) iStockphoto.com/AK2/3617014

92. ¿Qué objeto sostiene la mano?

   A. una cuchara.

   B. una vela.

   C. una pelota.

   D. un tenedor.

(c) iStockphoto.com/thomas-bethge/52988896

93. ¿Qué se observa en la imagen?

   A. teteras.

   B. una estufa.

   C. utensilios de cocina.

   D. comida.

(c) iStockphoto.com/PeopleImages/43535256

94. ¿Qué tiene en la cabeza la mujer?

   A. una diadema.

   B. un sombrero.

   C. un tocado de flores.

   D. un moño.

(c) iStockphoto.com/TriggerPhoto/63521757

95. ¿Cuál es el lugar de origen del sujeto?

   A. Nueva York.

   B. Cartagena.

   C. Barranquilla.

   D. Ciudad de México

96. ¿A qué se dedicaba Nereo López Meza?

   A. Al reportaje.

   B. A la fotografía.

   C. Al modelaje.

   D. A vender sombreros.

La Florida, que en 1819 había sido anexada a la gran federación americana, fue erigida en estado algunos años más tarde. Por esta anexión, el territorio estadounidense aumentó en una extensión de 67,000 millas cuadradas. En resumen, la Florida se presenta como un país aparte y hasta extraño, con sus habitantes mitad españoles, mitad americanos y sus indios seminolas, muy diferentes a sus congéneres del «Far West»'
~ Julio Verne, 1887; «Norte contra Sur»

97. ¿Cuál es el tema principal del párrafo?

   A. La guerra civil de los Estados Unidos.

   B. Los habitantes de Norteamérica.

   C. La anexión de la Florida a los Estados Unidos.

   D. La extensión territorial de los Estados Unidos.

Europa conocía a Asia desde la antigüedad, pero fue sólo después del descubrimiento de rutas comerciales nuevas en el Siglo XVI que los contactos entre los dos continentes se intensificaron. Como consecuencia de los relatos de los navegantes, de los exploradores y de los mercaderes que habían visitado aquellas tierras, surgió en Europa una gran curiosidad hacia los pueblos orientales. Fueron sobre todo los misioneros católicos quienes sirvieron de puente entre la civilización de China y del mundo europeo.

98. ¿Quiénes eran la conexión entre Asia y Europa?

    A. Los chinos.

    B. Los navegantes.

    C. Los misioneros católicos.

    D. Los comerciantes.

El artista neerlandés, Maurits C. Escher, nació en Leeuwarden el 17 de junio de 1898. Su padre George, era ingeniero civil y estaba casado en segundas nupcias. Su madre, Sarah, era hija de un ministro. Movido por su deseo de ser arquitecto, Escher se matriculó en la Escuela de Arquitectura y Artes Decorativas de Haarlem. Él es conocido mundialmente por sus grabados y obras gráficas expresas de efectos espaciales enigmáticos.

99. ¿Cuál era la profesión de Escher?

    A. Artista.

    B. Ministro.

    C. Arquitecto.

    D. Ingeniero Civil.

Al analizar el progreso de la mujer a través de variables cuantitativas, la Fundación Clinton lanzó un reporte extensivo sobre las regulaciones nupciales de cada país, donde se reveló – para sorpresa de muchos – que ciertos estereotipos sobre las naciones ricas y pobres no son necesariamente aplicables.

Países como Rusia, China, y Etiopía prohíben el matrimonio antes de los 18 años, mientras que en gran parte de América esto es permitido «con el consentimiento de los padres».

100. ¿Qué se puede deducir del párrafo?

    A. En China y Rusia hay muchas bodas.

    B. El párrafo sugiere que continúan las bodas infantiles aún en el Siglo XXI, sorpresivamente tanto en países establecidos, así como en naciones emergentes.

    C. La Fundación Clinton es una organización importante dedicada al cuidado y bienestar de las niñas alrededor del mundo.

    D. El matrimonio antes de los 18 años limita el potencial máximo de las niñas, afectando la salud, educación y seguridad.

Se cree que el tenedor llegó a Occidente procedente de Constantinopla en el siglo XI. Cuando Teodora, hija del emperador Constantino X Ducas, contrajo nupcias con el Dux Doménico Selvo. Sin embargo, Teodora, era señalada como escandalosa e incoherente debido a esta y otras costumbres por lo que autoridades eclesiásticas, llamaron a dicho utensilio «instrumentum diaboli», que en Español significa «instrumento diabólico».

101. ¿A qué se refiere la palabra «utensilio» en la quinta línea?

   A. A Constantinopla.

   B. Al tenedor.

   C. A *instrumentum diaboli*.

   D. A las costumbres.

102. ¿Qué tipo de documento se infiere que es?

   A. Una carta de amor.

   B. Un contrato del año de 1923.

   C. Un anuncio de publicidad de 1923.

   D. Un contrato de bomberos.

103. ¿Cuál de las siguientes opciones es motivo para anular tal contrato?

   A. Maquillarse.

   B. Ejercitarse.

   C. Cantar.

   D. Bailar.

CONTRATO AL QUE SE DEBERÁ DE SUJETAR LA MAESTRA (1923)

1.- No casarse. Este contrato quedará automáticamente anulado y sin efecto si la maestra se casa. 2.- No andar en compañía de hombres. 3.- Estar en su casa entre las 8:00 de la noche y las 6:00 de la mañana a menos que sea para atender alguna función escolar. 4.- No pasearse por las heladerías del centro de la ciudad. 5.- No abandonar la ciudad bajo ningún concepto sin permiso del presidente del Consejo de Delegados. 6.- No fumar. Este contrato quedará automáticamente anulado y sin efecto si se encontrara a la maestra fumando. 7.- No beber cerveza ni vino ni whisky. Este contrato quedará automáticamente anulado y sin efecto si se encontrara a la maestra bebiendo cerveza o vino o whisky. 8.- No viajar en coche o en automóvil con ningún hombre con excepto de su hermano o su padre. 9.- No usar ropa de color brillante. 10.- No teñirse el cabello. 11.- No usar polvos faciales ni pintarse los labios.
~Saltillo de Coahuila de Zaragoza, 1923.

₁La Isla de Pascua, localizada en la Polinesia en medio del océano Pacífico, es la isla chilena más grande.

Actualmente, cuenta con una población de 5035 habitantes, todos ellos concentrados en la ciudad de Hanga Roa. La característica principal de este poblado son las esculturas misteriosas conocidas como «Moáis». Se conocen más de 900, mismas que se cree, fueron esculpidas por los «rapa nui», los habitantes aborígenes del lugar. Labradas en «toba» volcánica, algunas de ellas no terminadas, su significado es aún incierto. El nombre completo de las estatuas en su idioma original es «Moai Aringa Ora» que significa «rostro vivo de los ancestros». Lo que sugiere que fueron esculpidas para ₁₀representar a Gobernantes y antepasados importantes. Los reyes poseían este poder de manera innata; otros podían adquirirlo realizando una serie de hazañas extraordinarias que involucraban principalmente, la resistencia física. Dichas *esculturas fueron esculpidas en distintos tamaños y con características distintas. Éstas eran esculpidas sobre la roca volcánica en el cráter mismo, después cinceladas por la espalda 15para desprenderlas de sus nichos para posteriormente ser transportadas hasta el lugar que les pertenecía. La mayoría de ellas, de espaldas al mar. Es, sin duda, un lugar lleno de misterio y riqueza cultural, siendo uno de los atractivos turísticos principales del mundo.*

104. ¿Cómo se les llama a los aborígenes de La Isla de Pascua?

    A. Moáis.

    B. Hanga Roas.

    C. Rapa Nui.

    D. Pascuenses.

105. ¿Qué significa la palabra «innata» en la octava línea?

    A. Del lugar.

    B. Aborígenes.

    C. De nacimiento.

    D. Cultural.

106. ¿De qué material están hechas las esculturas?

    A. De oro.

    B. Piedra volcánica.

    C. De plata.

    D. De arcilla.

Cuando los marcianos no hablan
1Uno de los desafíos más grandes para los hombres es interpretar correctamente y apoyar a una mujer cuando habla de sus sentimientos. El mayor desafío para las mujeres es interpretar correctamente y apoyar a un hombre cuando no habla. El silencio resulta muy fácilmente malinterpretado por las mujeres. Hombres y mujeres piensan y procesan 5información en forma muy diferente. Las mujeres piensan en voz alta compartiendo su proceso de descubrimiento interior con un oyente interesado. Aún hoy, una mujer a menudo descubre qué quiere decir a través del proceso verbal simple. Este proceso de dejar simplemente que los pensamientos fluyan en libertad y expresarlos en voz alta, la ayuda en obtener provecho de su 8intuición. Este proceso es perfectamente normal y a 10veces especialmente necesario.

Pero los hombres procesan la información en forma muy diferente. Antes de hablar o responder, «meditan» o piensan en lo que escucharon o experimentaron. Interna y silenciosamente imaginan la respuesta más correcta y útil. Primero la formulan en su interior y luego la expresan. Este proceso podría tomar minutos u horas y para confundir 15aún más a las mujeres, si no tienen suficiente información para procesar una respuesta, pueden llegar a no responder.

Las mujeres necesitan entender que cuando él está en silencio, está diciendo: «Todavía no sé qué decir, pero estoy pensando en ello». En lugar de eso, ellas escuchan: «No te estoy respondiendo porque tú no me importas y yo voy a ignorarte. Lo que me has dicho no es importante y por lo tanto no responderé».
~John Gray, Los hombres son de Marte y las mujeres son de Venus, 1995.

107. ¿Cuál es el tema principal del texto?

A. Los marcianos.

B. Los extraterrestres.

C. Los procesos mentales.

D. Las mujeres.

108. Según el texto ¿Cómo procesan la información los hombres?

A. Diferente.

B. «Meditan».

C. Rápido.

D. Muy rápidamente.

109. ¿Cuál es el mayor desafío para las mujeres?

A. Interpretar y apoyar correctamente a un hombre cuando habla de sus sentimientos.

B. Interpretar y apoyar correctamente a un hombre cuando medita.

C. Interpretar y apoyar correctamente a un hombre cuando no habla.

D. Interpretar y apoyar correctamente a un hombre en la toma de decisiones.

110. ¿Qué sucede cuando los hombres se mantienen en silencio?

A. Están formulando una pregunta para expresarla.

B. Las mujeres lo malinterpretan y se enojan.

C. Están formulando una respuesta para expresarla.

D. Las mujeres están formulando una respuesta para expresarla.

111. ¿A qué se refiere la frase «piensan en voz alta» en la línea 5?

A. Son ruidosas.

B. Externan sus sentimientos y sus pensamientos.

C. Hablan mucho.

D. Piensan más rápido que los demás.

112. ¿Cuánto dura el procesamiento de pensamientos en el género masculino?

A. Una hora.

B. Minutos y horas.

C. 30 minutos.

D. Un minuto.

113. ¿Cómo traducen las mujeres el silencio en los hombres?

- A. Como falta de interés de los hombres por los sentimientos y pensamientos de las mujeres.
- B. Como ignorancia y miedo a responder acertadamente a los sentimientos de las mujeres.
- C. Saben que los hombres necesitan tiempo para meditar y procesar la información.
- D. Saben que los hombres tienen problemas para interpretar los sentimientos correctamente.

1El pensamiento es esa pérdida de tiempo que tiene lugar entre el momento en que percibimos algo y el momento en que sabemos cómo manejarnos con respecto a lo percibido. Es un espacio de tiempo ocupado por la serie de ideas que se van sucediendo, una a partir de la otra, cuando intentamos elaborar la situación que nos resulta desconocida hasta transformarla en algo conocido que sabemos cómo enfrentar. Más 5tarde, el hombre aprende a recrearse jugando con las ideas por el placer de hacerlo. Pero la finalidad biológica fundamental del pensamiento consiste en capacitar al organismo vivo para sobrevivir, procurándose todo aquello que necesita y alejándose de lo que le representa un peligro. De lo que se trata es de saber cómo reaccionar ante una situación: ¿Será conveniente abalanzarse con avidez o retroceder con recelo?
10Tres son los pensamientos básicos que utilizan los seres vivos a fin de conocer las cosas lo bastante como para reaccionar ante ellas en forma apropiada.

1. *Instinto: Es una reacción fija, integrada de tal modo que el organismo, ante una situación determinada, producirá automáticamente una respuesta determinada. Es directa, es automática, es inmutable como la iluminación de un ambiente 15cuando encendemos la luz. No se requiere ningún aprendizaje.*

2. *Aprendizaje: Existen dos tipos de aprendizaje: De primera mano y de segunda mano. El aprendizaje de primera mano es un proceso lento por medio del cual un organismo encuentra la respuesta conveniente a una situación mediante ensayo y error. Así un secretario descubre cómo es que su patrón prefiere que las cartas 20a los clientes sean escritas. El gato aprende a regresar al hogar y el jugador de tenis a sacar la pelota. Por otra parte, el aprendizaje de segunda mano es una especie de instinto artificial. Conlleva respuestas inmediatas para situaciones, sin necesidad de pasar por el proceso lento de prueba y error. Es un tipo de aprendizaje transmitido, proviene de la televisión, y de la escuela.*

3. *25Comprensión: ¿Qué sucede cuando lo que se nos presenta, es una situación desconocida, nueva 27 totalmente para nuestra mente para la cual no tenemos respuesta? La comprensión es el proceso por el cual transformamos una situación desconocida en una situación conocida, para saber así cómo reaccionar ante ella. Proceso mediante el cual, se pasa de una idea a otra, con tal de afianzarla en la 30psique. El pasar de ideas es el pensamiento. Y comprender es pensar.*

SPANISH

114. ¿Cuáles son los tres pensamientos básicos que utilizan los seres vivos para reaccionar?

A. Pensar, aprender, y comprender.

B. Pensar, actuar, e iluminar.

C. Responder, comprender, y aprender.

D. Aprender, comprender, e intuir.

115. Según la lectura, ¿Qué es el pensamiento?

A. Una pérdida de tiempo.

B. El momento entre percibir y actuar con respecto a lo percibido.

C. Es un espacio de tiempo ocupado por cosas que suceden alrededor.

D. Las situaciones que suceden una detrás de la otra.

116. ¿A qué se refiere la frase, «como la iluminación de un ambiente cuando encendemos la luz»?

A. La energía eléctrica es rápida y costosa.

B. Es una manera de relacionar a, y explicar el concepto mediante la metáfora.

C. Los ambientes con iluminación son automáticos y dinámicos.

D. El pensamiento en general es tan rápido como la luz.

117. ¿Cómo se describe el aprendizaje de segunda mano?

A. Se aprende por medio de la televisión y de la escuela.

B. Los gatos aprenden a llegar a su hogar de segunda mano.

C. Es un tipo de inteligencia artificial que se encuentra en la mente de los humanos.

D. Es un tipo de aprendizaje transmitido y se efectúa por medio de respuestas inmediatas.

118. ¿Con cuál de las siguientes opciones se asemeja a la palabra, «totalmente» en la línea 27?

A. Absoluto.

B. Suma.

C. Resultado.

D. Único.

119. ¿Cuál es el tipo de pensamiento para el cual no se requiere aprendizaje?

A. Instinto.

B. Pensamiento.

C. Comprensión.

D. Aprendizaje.

120. ¿A qué se refiere la palabra, «psique» en la última línea?

   A. Al alma.

   B. Al cerebro.

   C. A la mente.

   D. Al pensamiento.

SPANISH

ANSWER KEY

Question Number	Correct Answer	Your Answer
1	C	
2	B	
3	D	
4	A	
5	C	
6	D	
7	A	
8	D	
9	A	
10	C	
11	D	
12	B	
13	B	
14	A	
15	C	
16	A	
17	D	
18	C	
19	B	
20	D	
21	B	
22	B	
23	A	
24	D	
25	C	
26	B	
27	B	
28	D	
29	B	
30	C	
31	D	
32	B	
33	A	
34	C	
35	A	
36	A	
37	A	
38	D	
39	B	
40	C	

Question Number	Correct Answer	Your Answer
41	D	
42	B	
43	D	
44	D	
45	B	
46	D	
47	D	
48	A	
49	B	
50	C	
51	C	
52	D	
53	A	
54	C	
55	C	
56	D	
57	C	
58	B	
59	A	
60	D	
61	C	
62	D	
63	B	
64	B	
65	C	
66	B	
67	D	
68	C	
69	A	
70	D	
71	B	
72	B	
73	D	
74	B	
75	C	
76	B	
77	D	
78	B	
79	C	
80	C	

Question Number	Correct Answer	Your Answer
81	A	
82	A	
83	D	
84	A	
85	A	
86	C	
87	B	
88	C	
89	B	
90	D	
91	A	
92	A	
93	C	
94	D	
95	B	
96	B	
97	C	
98	C	
99	A	
100	B	
101	B	
102	B	
103	A	
104	C	
105	C	
106	B	
107	C	
108	B	
109	C	
110	B	
111	B	
112	B	
113	A	
114	A	
115	B	
116	B	
117	C	
118	C	
119	A	
120	C	

SPANISH

RATIONALES

19. ¿Qué países conoce Andrés?

    A. Italia, Francia y España

    B. Casi toda Europa excepto los países Bajos

    C. Países Bajos

    D. Alemania, Inglaterra y Suecia

La respuesta correcta es la B
La respuesta correcta es la B, porque Andrés nunca ha viajado a los Países Bajos

20. ¿A qué se dedica Mónica?

    A. A servir bebidas y comidas

    B. Es compañera de trabajo de Andrés

    C. Ella no menciona su actividad

    D. Es amiga de Andrés

La respuesta correcta es la D
La respuesta correcta es la D, ya que en el título del diálogo se indica que ambos son amigos

21. Además de servir bebidas y comidas, ¿Qué otros servicios se prestan en los vuelos?

    A. Asesorar a los pasajeros en el uso del baño

    B. Dar recomendaciones sobre el comportamiento de los pasajeros durante el vuelo

    C. Verificar los tiquetes de vuelo de los pasajeros

    D. No se presta ningún servicio adicional

La respuesta correcta es la B
La respuesta correcta es la B, porque en el servicio adicional se cercioran que los pasajeros cumplan las reglas de seguridad

SPANISH

22. ¿Qué desea Laura al ingresar al Centro Médico?

    A. Que el vigilante le saque la muela

    B. Que le presten el servicio de inmediato

    C. Que la afilien al sistema de salud

    D. Que atiendan a su madre urgentemente

La respuesta correcta es la B
La respuesta correcta es la B, porque Laura tiene un dolor de muela muy fuerte.

23. ¿Qué le solicita el vigilante a Laura?

    A. Sus datos personales

    B. La dirección de ella

    C. Los datos personales de su madre

    D. Su nombre y el número telefónico

La respuesta correcta es la A
La respuesta correcta es la A, ya que el vigilante requiere su nombre y número de identificación.

24. ¿Quién se sienta en las sillas del pasillo?

    A. La madre de Laura

    B. La doctora

    C. Laura y su madre

    D. La paciente

La respuesta correcta es la D
La respuesta correcta es la D, porque Laura es la paciente

SPANISH

25. ¿Las dos mujeres del diálogo son?

    A. Primas

    B. Hermanas

    C. Compañeras

    D. Familiares

La respuesta correcta es la C
La respuesta correcta es la C, porque ambas son amigas.

26. ¿Por qué está preocupada una de las mujeres?

    A. Porque no ha tenido tiempo de estudiar

    B. Porque no entiende el tema de la prueba

    C. Porque perdió el examen

    D. Porque su profesor diseña exámenes muy difíciles de pasar

La respuesta correcta es la B
La respuesta correcta es la B, porque ella no entiende el tema y prueba es un sinónimo de examen.

27. Mencione las razones por lo que el tema tiene dificultad:

    A. Tiene muchos temas de matemática y física

    B. Son inconcretos y ella no le entiende a su profesor

    C. Ella no entiende el idioma del profesor

    D. Ella ha faltado a varias clases

La respuesta correcta es la B
La respuesta correcta es la B, porque abstractos es sinónimo de inconcreto y el profesor no explica muy bien.

SPANISH

28. ¿Qué le va a compartir Felipe a Claudia?

    A. Unas golosinas muy exquisitas

    B. Las nuevas estrategias que tiene la Compañía

    C. Le va a decir que la empresa tiene nuevos clientes

    D. Una información muy importante

La respuesta correcta es la D
La respuesta correcta es la D, porque al principio del texto mencionan que Felipe le va a compartir una información.

29. Lo que le dice Felipe a Claudia tiene que ver con:

    A. Las ventas altas y el dinamismo de la competencia

    B. Las ventas bajas y la intensidad de la competencia

    C. Las ventas y la competencia fuerte

    D. Las ventas y la competencia

La respuesta correcta es la B
La respuesta correcta es la B, porque es la respuesta más completa y porque intensidad es sinónimo de fuerte

30. ¿Por qué afectaría a los empleados de la Empresa, el anuncio que dio el gerente?

    A. No, porque el cierre de sucursales no afectará los empleos

    B. No, porque la nuevas sucursales generarán más empleos

    C. Sí, porque el cierre de las sucursales provocará despidos

    D. Sí, porque el cierre de las sucursales generará caos

La respuesta correcta es la C
La respuesta correcta es la C, porque habrá despidos con el cierre de las sucursales

SPANISH

31. ¿Cómo le fue en el viaje a Jacobo?

    A. Tuvo muchos inconvenientes

    B. Le fue muy bien pero a su esposa no le gusto la ciudad

    C. Le dio mucha rabia porque le fue mal

    D. Muy bien, pero le dio tristeza porque su amiga no fue

La respuesta correcta es la D
La respuesta correcta es la D porque ambas respuestas son correctas de acuerdo a lo que mencionan en el texto.

32. ¿Por qué no fue Luciana al viaje?

    A. Porque su esposo estaba muy indispuesto

    B. Porque el esposo debía ir al Doctor y ella debía presentar informes

    C. Porque no tenía dinero

    D. Porque al pagar las deudas no le quedo dinero

La respuesta correcta es la B
La respuesta correcta es la B, porque el esposo estaba enfermo y debía visitar al Doctor y Luciana tenía que presentar unos informes en el trabajo

33. ¿En qué se destaca Venecia?

    A. En sus paisajes, hoteles, canales y gastronomía

    B. En sus canales, hoteles y gastronomía

    C. En su gastronomía, paisajes y canales

    D. Por su laguna adriático

La respuesta correcta es la A
La respuesta correcta es la A, porque mencionan todas sus características

SPANISH

34. ¿Qué beneficios le ha traído WhatsApp a las empresas de comunicaciones?

    A. Los usuarios se pueden comunicar en Tiempo Real

    B. Ha generado más empleo dentro de las compañías

    C. Al contrario, WhatsApp las está afectando

    D. Ha obligado a hacer alianzas entre las compañías

La respuesta correcta es la C
La respuesta correcta es la C, porque ha perjudicado las compañías con sus servicios gratuitos.

35. ¿Por qué medio de conexión funciona WhatsApp?

    A. Wifi, 2G, 3G

    B. 2G, 1G, 4G

    C. Wifi, 3G, 4G

    D. Wifi, 2G, 4G

La respuesta correcta es la A
La respuesta correcta es la A, porque en el texto solo se menciona Wifi, 2G y 3G.

36. ¿En la actualidad cuántos usuarios activos tiene WhatsApp?

    A. Medio millón de usuarios

    B. Mil quinientos millones de usuarios

    C. Quinientos millones de usuarios

    D. Un millón de usuarios

La respuesta correcta es la A
La respuesta correcta es la A, ya que medio millón equivale a quinientos mil.

SPANISH

37. ¿Qué produce el ejercicio?

    A. Una mente y un cuerpo sano, y contribuye al equilibrio de las emociones

    B. Oxigena el cerebro y quema calorías

    C. Aumenta los niveles de energía y ayuda a la concentración

    D. Mejora la capacidad mental para desarrollar efectivamente las actividades cotidianas

La respuesta correcta es la A
La respuesta correcta es la A, porque a pesar de que todas las respuestas son afirmativas, solo la primera es la que mencionan en el texto

38. ¿Qué recomiendan los expertos?

    A. Caminar durante 60 minutos cada día

    B. Hacer 70 minutos de ejercicio cada día

    C. Trotar media hora y caminar otra media hora

    D. Hacer una hora de ejercicio cada día

La respuesta correcta es la D
La respuesta correcta es la D, porque 60 minutos equivale a 1 hora

39. Según la narración, cuántas son las personas que están practicando ejercicio:

    A. El 75 por ciento de la población si lo practica

    B. La cuarta parte de la población si lo practica

    C. La mitad de la población lo practica dos veces al día

    D. El 50 por ciento de la población si lo practica

La respuesta correcta es la B
La respuesta correcta es la B porque en el texto mencionan que solo el 15% de la población están practicando ejercicio.

SPANISH

40. **¿Cómo perjudica el hombre al planeta tierra?**

   A. Con los desperdicios que emiten las empresas

   B. Con el uso de trenes

   C. Con la utilización de tecnologías

   D. Con el arrojo de basuras a los ríos

La respuesta correcta es la C
La respuesta correcta es la C porque se infiere del texto que cualquier herramienta tecnológica es moderna

41. **¿Cuáles especies se están extinguiendo debido al cambio climático?**

   A. Los jaguares

   B. La flora y fauna amazónica

   C. Todas las especies del África

   D. La fauna y flora de todos los continentes

La respuesta correcta es la D
La respuesta correcta es la D, porque se perjudican todas las especies del mundo

42. **¿El calentamiento global está disminuyendo?**

   A. Sí, porque el hombre se ha concientizado para cuidar el planeta

   B. No, porque los humanos los aumentan con sus actividades.

   C. Sí, porque la contaminación lo disminuye cada día.

   D. No, al contrario, los humanos están derrumbando los bosques

La respuesta correcta es la B
La respuesta correcta es la B, porque el hombre está aumentando el cambio climático con sus actividades.

43. ¿Qué religiones se mencionan en el texto?

   A. El Hinduismo

   B. El Cristianismo

   C. El Budismo

   D. Todas las religiones

La respuesta correcta es la D
La respuesta correcta es la D porque no se particulariza ninguna

44. ¿Por qué las religiones están en su mejor momento?

   A. Porque debido a la violencia, las religiones juegan un papel de liderazgo en la generación de paz

   B. Porque la Fe es la tendencia actual

   C. Porque hay más construcciones de templos e iglesias

   D. Porque debido a las enfermedades emocionales del siglo XXI, las personas buscan en quien tener Fe.

La respuesta correcta es la D
La respuesta correcta es la D, porque debido a las enfermedades actuales, las personas buscan un Dios.

45. ¿De qué manera las religiones están inculcando la Fe en las personas?

   A. Guiando al hombre hacia la paz

   B. Enseñando el camino de lo divino a través de la redención

   C. Mostrando testimonios de personas que han conseguido la felicidad

   D. Dando herramientas para aprender a orar o meditar

La respuesta correcta es la B
La respuesta correcta es la B, porque se enseña el camino a la salvación

SPANISH

46. Una persona que va de compras constantemente es:

   A. Un comprador generoso

   B. Feliz

   C. Satisface todas sus necesidades

   D. Padece un trastorno psicológico

La respuesta correcta es la D
La respuesta correcta es la D, porque el comprador compulsivo padece de un trastorno psicológico

47. ¿Cuál es la causa por la que una persona se convierte en un comprador compulsivo?

   A. La falta de gastarse el dinero

   B. El pensamiento consumista

   C. Estados del comprador compulsivo después de ir de compras

   D. Los trastornos emocionales

La respuesta correcta es la D
La respuesta correcta es la D, porque la depresión y la ansiedad que son las que mencionan en la narración son trastornos emocionales.

48. ¿Cuál es la verdadera problemática que refleja la narración?

   A. Los daños que puede causar comprar exageradamente

   B. Los trastornos emocionales

   C. Cómo debemos invertir nuestro dinero

   D. Qué lugares debemos visitar para hacer compras

La respuesta correcta es la A

49. Aquellos libros son _____ Juan Carlos.

    A. encima

    B. para

    C. dentro

    D. por

La respuesta correcta es la B
Porque la preposición para se utiliza para indicar posesión de un elemento o cosa.

50. Mi abuela se _____ de cólera hace dos años.

    A. enferma

    B. enfermera

    C. enfermó

    D. enfermaron

La respuesta correcta es la C
Ya que se indica un momento en el pasado "hace 2 años", lo cual corresponde a un verbo en pasado simple. Mientras que la opción A señala que el enfermarse del cólera es una acción recurrente del sujeto, lo cual no es factible. La opción B refiere a un sujeto (un profesionista) y la opción D indica a la 3ª persona del plural. Por lo tanto, la respuesta correcta es la opción C.

51. Maud Wagner es la _____ tatuadora reconocida en los Estados Unidos.

    A. primeras

    B. primero

    C. primera

    D. primeros

La respuesta correcta es la C
Es la única de las opciones en indicar singular y género femenino, lo cual va a acorde al sujeto "tatuadora".

52. La Tierra _____ alrededor del Sol todos los días.

A. giró

B. girar

C. giraba

D. gira

La respuesta correcta es la D
Es la única de las opciones que, al encontrarse el verbo en primera persona del presente simple, describe una actividad cotidiana. Es decir, una "verdad general", una acción que sucede todos los días.

TIP: Todas las palabras que terminen en –mente son adverbios.

53. Julieta es capaz de memorizar datos _____.

A. fácilmente.

B. facilidad.

C. facílmente.

D. fácil.

La respuesta correcta es la A
Ya que "fácilmente", al ser un adverbio, describe al verbo "memorizar". Para identificar adverbios hay que hacerse la pregunta sobre el verbo ¿Cómo memoriza? = fácilmente. A diferencia de la respuesta B, la respuesta A se encuentra correctamente acentuada al ser una palabra sobre-esdrújula (más de 4 sílabas). Recuérdese que todas las palabras sobre-esdrújulas, cuya sílaba tónica se encuentre en la 4 sílaba o mayor, se acentúan.

SPANISH

54. Ernesto y Ramón _____ estado hablando sobre política durante toda la reunión.

    A. a

    B. ha

    C. han

    D. hemos

La respuesta correcta es la C
Es la única de las opciones que indica al verbo en presente perfecto progresivo/continuo, en segunda persona del plural. Se sabe que es presente perfecto progresivo/continuo por el verbo auxiliar "estado" que indica el tiempo perfecto y "hablando" el cual indica el gerundio (tiempo progresivo/continuo). Recuérdese que las terminaciones –ando, -endo y –iendo, señalan dicho tiempo. En cuanto a la segunda persona del plural, se encuentra indicada por los sujetos "Ernesto y Ramón".

55. La _____ aun y cuando no sea metálica, puede llegar a ser pesada. De ahí su nombre, que proviene de la palabra griega baros. Tiene diversos usos en la industria automotriz y médica.

    A. varita

    B. varitas

    C. barita

    D. baritas

La respuesta correcta es la C
En esta oración se hace referencia al elemento mineral, no metálico. Es deducible la respuesta al identificar la pista que se proporciona en la parte donde se lee "…proviene de la palabra griega 'baros'…" Misma que significa "pesado". Por lo que se infiere que la respuesta correcta es la opción C. A diferencia de la opción D que se encuentra en plural. El artículo en singular "La", indica que el sujeto se encuentra en singular. En cuanto a las opciones A y B, se refieren a la herramienta en forma de palo comúnmente asociada con la magia, siendo erróneas, ya que los elementos del párrafo claramente indican que se trata de un elemento mineral no metálico.

SPANISH

56. ¿Quiénes se _____ al vecindario la semana pasada?

    A. viene

    B. trae

    C. están

    D. mudaron

La respuesta correcta es la D
El pronombre interrogativo en plural "quienes "indica que el verbo deberá ir en plural, por lo que las opciones A y B se eliminan. Dejando así la opción C y D como posibles respuestas correctas. Al prestar atención al complemento circunstancial de tiempo "la semana pasada", éste indica que el verbo deberá encontrarse en pasado.

57. Yo estaba _____ la ropa sucia mientras tú cocinabas.

    A. lavar

    B. planchando

    C. lavando

    D. habiendo planchado

La respuesta correcta es la C
La oración indica que 2 acciones sucedían simultánea y progresivamente en un tiempo pasado indefinido.
La oración señala 2 acciones simultáneas con la palabra "mientras". La cual es un adverbio de tiempo, mismo que une ambas acciones.
Las acciones son progresivas: indicado por el verbo auxiliar del imperfecto continuo/progresivo "estaba", lo cual sugiere un verbo complementario en gerundio (tiempo progresivo/continuo).
Una vez que el tiempo en que está escrita la oración se ha identificado, se descartan las opciones A y D. Dejando así, las opciones B y C como posibles respuestas correctas. Sin embargo, en la oración se lee "la ropa sucia", la cual es más factible a ser lavada que planchada. Las personas normalmente lavan la ropa sucia y después la planchan, una vez que ya está limpia. Por lo que la respuesta C es la correcta.

SPANISH

58. A mí me gusta escuchar _____ radio _____ enterarme de las noticias Internacionales.

   A. el, por

   B. la, para

   C. el, debido a

   D. el, para

La respuesta correcta es la B
En esta oración la palabra "radio" pertenece al género femenino ya que se refiere a la frecuencia sonora emitida por una radiodifusora, escuchada a través de un aparato llamado radio, por lo tanto la respuesta correcta es B: "la radio", antecediéndole el artículo "la". Si se estuviese haciendo referencia a la distancia que existe desde el centro de un círculo hasta su circunferencia, entonces la respuesta correcta sería "el radio", mismo que pertenece al género masculino. Mientras que la preposición "para" indica finalidad. La finalidad en este caso es "enterarme de las noticias". De ahí que, las opciones "por" y "debido a", sean incorrectas.

59. Marcelo _____ Hilda se conocen _____ que tenían cinco años de edad.

   A. e, desde

   B. y, desde

   C. e, por

   D. y, durante

La respuesta correcta es la A
Las conjunciones "y", "e", "ni" y "que" pertenecen a la categoría de conjunciones copulativas. Las cuales indican suma o acumulación. En la oración se habla de 2 personas., de Marcelo y de Hilda. Se utiliza la conjunción "e" ya que, fonéticamente, la siguiente palabra comienza con el sonido "i". Por lo que "y" se convierte en "e". Sería fonética y gramaticalmente incorrecto seleccionar la conjunción "y".
Por otro lado, la preposición "desde" es la correcta, ya que es la única de las opciones que indica tiempo: una fecha específica en el pasado. Mientras que las opciones "por" y "durante" indican lapsos de tiempo y no una fecha específica en el pasado.

SPANISH

60. Aun y cuando no _____ limpiar la casa, lo tienen que hacer.

   A. quieres

   B. quiera

   C. querer

   D. quieran

La respuesta correcta es la D
El sujeto tácito indicado en la parte de oración en la que se lee "lo tienen", se refiere a la segunda persona del plural, lo que indica que el primer verbo deberá escribirse en segunda persona del plural. Por lo que "quieran" es la respuesta correcta. Ya que la opción A "quieres" se refiere a la segunda persona del singular, la opción B a la primera persona del singular y la opción C es el verbo en infinitivo.

61. _____ papá quiere verte enseguida.

   A. tu

   B. Tú

   C. Tu

   D. tús

La respuesta correcta es la C
La palabra "tu" se acentúa cuando es pronombre, como se muestra en la opción B. Sin embargo, en este caso, la oración indica que se trata de un adjetivo posesivo, por lo que no se acentúa. La opción A, aun y cuando no conserva la tilde, se muestra en minúsculas. Siendo que la palabra se sitúa al inicio de la oración, esta debiese comenzar con mayúscula. Por lo que la respuesta C aparece como la correcta. La opción D no existe.

SPANISH

62. Los aviones son _____

    A. guapas.

    B. metálicas.

    C. perezosos.

    D. rápidos.

La respuesta correcta es la D
El adjetivo que mejor califica al sustantivo, en este caso "Los aviones", es rápidos ya que indica un adjetivo calificativo en plural y masculino que va acorde al sujeto.

63. _____ no sabían que yo había ganado el concurso, hasta que Tomás les dio la noticia.

    A. Todavía

    B. Ellos

    C. María

    D. Para

La respuesta correcta es la B
El prenombre personal "ellos", equivale a la conjugación de la tercera persona del plural del verbo saber.

64. _____ tuvieron una _____ discusión sobre política.

    A. María y Juan, débil

    B. Antonella y Mario, fuerte

    C. Carlos y Brenda, apoderada

    D. María y Juan, sencilla

La respuesta correcta es la B
La respuesta más indicada es la opción B porque, el adjetivo "fuerte" es el que contrasta con el sustantivo discusión, ya que la definición de esta última hace referencia a una conversación donde se defienden diferentes puntos de vista y opiniones.

SPANISH

65. ¿Cuál es el predicado en la siguiente oración?

Ana María y sus hermanas son las hijas del dueño de la hacienda.

A. Ana María y sus hermanas son

B. Ana María

C. son las hijas del dueño de la hacienda

D. las hijas de dueño de la hacienda

La respuesta correcta es la C
El predicado describe lo que es o hace el sujeto, ésta parte de la oración contiene el verbo que indica la acción del mismo, por consiguiente en esta pregunta la respuesta indicada es la C ya que el verbo "son" especifica la acción relacionada con el sujeto "Ana María y sus hermanas"

66. Todos me dijeron que en el festival bailé <u>estupendamente</u>. La palabra subrayada es:

A. adjetivo.

B. adverbio.

C. complemento circunstancial de modo.

D. B y C.

La respuesta correcta es la B
Porque los adverbios terminan en mente y son los que describen la parte de la oración que modifica el significado del verbo.

SPANISH

67. _____ niño tiene gripe.

   A. La

   B. Los

   C. Las

   D. El

La respuesta correcta es la D
Porque el artículo indeterminado "El" va antes del sustantivo con el fin de clasificar la palabra niño como género masculino y singular

I. _____68_____ Dálmata es una _____69_____ de perros originarios de la histórica región de Dalmacia. _____70_____ característica principal es el _____71_____ blanco con manchas negras.

68. A. Un	**69.** A. raza	**70.** A. Una	**71.** A. pelos
B. Los	B. rasa	B. Sus	B. pelaje
C. El	C. razo	C. Unos	C. cabello
D. La	D. raso	D. Las	D. cabellera

68. La respuesta correcta es la C
EL sustantivo Dálmata es singular y masculino y la única respuesta que se asocia correctamente a éste, es aquella que corresponde al artículo "El", ya que además de cumplir con las condiciones anteriores, también le brinda coherencia a la oración.

69. La respuesta correcta es la A
La respuesta correcta es la A, debido a que esta precedido por la preposición "una" que indica que la siguiente palabra debe ir en singular.

70. La respuesta correcta es la D
Esta es la respuesta correcta debido a que "su" es un determinante posesivo que está asociado con la tercera persona distinta a la persona que habla o escribe, en este caso específico característica está en singular y cumple con las condiciones anteriormente descritas.

71. La respuesta correcta es la B
Pelaje es la palabra adecuada para describir el pelo o la lana de un animal.

SPANISH

II. A mi _____72_____ materna le dio el _____73_____. La cual, es una enfermedad causada por un virus, altamente mortal. Quienes la padecen se quejan de un agudo dolor en la _____74_____. Dicha enfermedad se detectó por primera vez en 1976 y desde entonces no se ha podido erradicar al _____75_____ porciento.

72.	73.	74.	75.
A. abuelas	A. abuelas	A. cienes	A. cienes
B. abuela	B. abuela	B. sien	B. sien
C. ebola	C. Ebola	C. cien	C. cien
D. ébola	D. Ébola	D. sienes	D. sienes

72. La respuesta correcta es la B
Se utiliza el sustantivo abuela porque es la única opción que puede corresponder al adjetivo femenino y singular "materna" y que es relativo a la madre.

73. La respuesta correcta es la D
La única opción válida es "Ébola" debido a que se recomienda escribirlo con artículo determinado en masculino y mayúscula inicial del sustantivo (virus del Ébola) por tratarse del nombre propio del río en el que se aisló por primera vez y además debe llevar tilde en la "É" para que al ser pronunciada lleve el acento adecuado.

74. La respuesta correcta es la B
Al aparecer en el párrafo el sustantivo "dolor", se utiliza "sien" porque se refiere a cada una de las dos partes laterales de la cabeza, comprendidas entre la frente, la oreja y la mejilla.

75. La respuesta correcta es la C
Al aparecer en el párrafo el sustantivo "porciento", se utiliza "cien" porque indica que el nombre al que acompaña o al que sustituye está exactamente 100 veces.

III. *El ingenioso hidalgo Don Quijote de La Mancha* es la novela más publicada y _____76_____ de la historia después de La Biblia. La _____77_____ Miguel de Cervantes Saavedra. La segunda parte _____78_____ en 1615 y desde entonces ha influenciado la _____79_____.

76.	77.	78.	79.
A. traducción	A. escribió	A. apareció	A. economía
B. traducida	B. escrita	B. escribió	B. literatura
C. traduje	C. escritura	C. mostró	C. publicidad
D. tradujeron	D. han escrito	D. se perdió	D. mercadote

76. La respuesta correcta es la B
Se utiliza el adjetivo "traducida" porque se refiere a la novela, la cual es femenina y debe llevar la secuencia adjetival de "publicada".

SPANISH

77. La respuesta correcta es la D
El verbo "escribió" en pasado es la forma correcta de la conjugación de la tercera persona del singular en masculino "'él", que es el equivalente a "Miguel de Cervantes Saavedra".

78. La respuesta correcta es la B
Debido a que aparece una fecha y se hace referencia a un libro, se utiliza el verbo "aparecer" conjugado en el pasado de la tercera persona del singular en femenino "ella", que es el equivalente a "La novela".

79. La respuesta correcta es la C
Como en el párrafo se habla sobre una novela, la palabra que tiene más lógica con la misma, es "literatura".

IV. Una pregunta frecuente en la medicina es ¿_____80_____ dan comezón las cicatrices? Se cree que es _____81_____ la piel se está regenerando y deshaciéndose del tejido muerto, generando comezón. Quienes pasan por esta situación se preocupan _____82_____ la cicatriz pueda infectarse. Información a fondo sobre el _____83_____ de dicho malestar puede ser encontrada en línea y libros referentes al tema.

80. A. porque	81. A. porque	82. A. porque	83. A. porque
B. por que	B. por que	B. por que	B. por que
C. Por qué	C. Por qué	C. Por qué	C. Por qué
D. porqué	D. porqué	D. porqué	D. porqué

80 La respuesta correcta es la C
Se utiliza "¿Por qué?", porque es una locución adverbial que introduce una pregunta sobre la causa o el motivo de algo.

81. La respuesta correcta es la A
Se usa "porque", porque es una conjunción que indica causa, fundamento o motivo.

82. La respuesta correcta es la A
La palabra apropiada es "porque", debido a que es una conjunción que indica causa o fundamento.

83. La respuesta correcta es la D
Se usa "el porqué", porque es un sustantivo masculino y equivale a la razón o motivo de una situación.

SPANISH

V. Leonor y yo ___84___ conocemos desde la primaria. Ella vivía ___85___ mi vecindario. Todos los días caminábamos juntas hacia la escuela. A veces la ___86___ a jugar a ___87___ casa.

84. A. nos
    B. se
    C. las
    D. te

85. A. por
    B. para
    C. entre
    D. de

86. A. llamaba
    B. manchaba
    C. invitaba
    D. invité

87. A. tu
    B. mi
    C. mí
    D. tú

84. La respuesta correcta es la A
Debido a que Leonor y yo son equivalente a nosotros, el pronombre personal apropiado es "nos", ya que se utiliza en los verbos o construcciones pronominales cuando el sujeto es de primera persona del plural.

85. La respuesta correcta es la A
Se usa "por", porque indica un lugar o tiempo aproximado, así como el tránsito por el mismo.

86. La respuesta correcta es la C
El verbo transitivo apropiado es "invitar", debido a que significa ofrecer a una persona una cosa que se supone grata para ella.

87. La respuesta correcta es la B
Se usa "mi", porque es la forma del determinante posesivo de primera persona del singular; indica que el nombre al que acompaña pertenece, se relaciona, está asociado, etc., con la persona que habla o escribe.

VI. Hay ___88___ edificios históricos en esta calle. La biblioteca es la primera. ___89___ museo está a la izquierda de la biblioteca. ___90___ del museo está el teatro. El teatro es mi edificio favorito, porque es el más ___91___ de todos, datando desde la época colonial.

88. A. dos
    B. cuatro
    C. tres
    D. uno

89. A. Unos
    B. El
    C. Allá
    D. Ahí

90. A. Encima
    B. Sobre
    C. Debajo
    D. Detrás

91. A. antiguo
    B. descuidado
    C. nuevo
    D. sucio

88. La respuesta correcta es la C

Según el tema de la oración, se establece que se necesita un adjetivo plural. La respuesta "tres" ofrece un adjetivo singular y no es correcta. Aunque las respuestas A, B, y C ofrecen adjetivos plurales, según la información en la oración, la respuesta correcta es aquella ofrecida por medio de la respuesta C.

89. La respuesta correcta es la B

Ya que sabemos que el sustantivo, «museo» está posicionado posteriormente de la palabra que falta, se establece que se necesita un artículo masculino singular para completar la oración. Las respuestas C y D ofrecen adverbios y no son correctas. La respuesta "El" ofrece un artículo indefinido y no es correcta. La única respuesta que ofrece el artículo masculino singular que se necesita es la respuesta B, y por esas razones es la correcta.

90. La respuesta correcta es la D

Debido al tema del texto, la respuesta correcta es "Detrás", ya que sería mucho más posible que un teatro estaría ubicado detrás de un museo; en vez de encima de un museo, como se sugiere por medio de la respuesta A; sobre de un museo, como se sugiere por medio de la respuesta B; o debajo de un museo, como se sugiere por medio de la respuesta C.

91. La respuesta correcta es la A

Dado que se necesita un adjetivo masculino singular para completar la oración, aunque todas las respuestas desde A hasta D proveen ese tipo de adjetivo, el más apropiado ya que el tema se refiere a la época colonial, es el adjetivo ofrecido por medio de la respuesta "antiguo".

SPANISH

SECTION III
Reading Part C: Reading Passages & Authentic Stimulus Material

Directions: Read each of the passages below. Each passage is followed by questions or incomplete statements. Choose the best answer according to the text and mark in the corresponding answer.

(c) iStockphoto.com/AK2/3617014

92. ¿Qué objeto sostiene la mano?

    A. una cuchara.

    B. una vela.

    C. una pelota.

    D. un tenedor.

La respuesta correcta es la A
El elemento que sostiene es una vela.

SPANISH

(c) iStockphoto.com/thomas-bethge/52988896

93. ¿Qué se observa en la imagen?

    A. teteras.

    B. una estufa.

    C. utensilios de cocina.

    D. comida.

La respuesta correcta es la C
Los elementos en la imagen pertenecen a una cocina.

(c) iStockphoto.com/PeopleImages/43535256

94. **¿Qué tiene en la cabeza la mujer?**

    A. una diadema.

    B. un sombrero.

    C. un tocado de flores.

    D. un moño.

La respuesta correcta es la D
La mujer tiene en la cabeza un moño que es lazo de cintas en el cabello.

SPANISH

(c) iStockphoto.com/TriggerPhoto/63521757

95. **¿Cuál es el lugar de origen del sujeto?**

    A. Nueva York.

    B. Cartagena.

    D. Barranquilla.

    E. Ciudad de México

La respuesta correcta es la B
A las personas de Cartagena, se les llaman cartageneros.

96. **¿A qué se dedicaba Nereo López Meza?**

    A. Al reportaje.

    B. A la fotografía.

    C. Al modelaje.

    D. A vender sombreros.

La respuesta correcta es la B
En el texto de la foto se menciona que Nereo era fotógrafo.

La Florida, que en 1819 había sido anexada a la gran federación americana, fue erigida en estado algunos años más tarde. Por esta anexión, el territorio estadounidense aumentó en una extensión de 67,000 millas cuadradas. En resumen, la Florida se presenta como un país aparte y hasta extraño, con sus habitantes mitad españoles, mitad americanos y sus indios seminolas, muy diferentes a sus congéneres del «Far West»'
~ Julio Verne, 1887; «Norte contra Sur»

97. ¿Cuál es el tema principal del párrafo?

   A. La guerra civil de los Estados Unidos.

   B. Los habitantes de Norteamérica.

   C. La anexión de la Florida a los Estados Unidos.

   D. La extensión territorial de los Estados Unidos.

La respuesta correcta es la C
El texto hace énfasis consecutivamente en la anexión de la Florida a los Estados Unidos, la cual ayudo a crecer al territorio estadounidense.

Europa conocía a Asia desde la antigüedad, pero fue sólo después del descubrimiento de rutas comerciales nuevas en el Siglo XVI que los contactos entre los dos continentes se intensificaron. Como consecuencia de los relatos de los navegantes, de los exploradores y de los mercaderes que habían visitado aquellas tierras, surgió en Europa una gran curiosidad hacia los pueblos orientales. Fueron sobre todo los misioneros católicos quienes sirvieron de puente entre la civilización de China y del mundo europeo.

98. ¿Quiénes eran la conexión entre Asia y Europa?

   A. Los chinos.

   B. Los navegantes.

   C. Los misioneros católicos.

   D. Los comerciantes.

La respuesta correcta es la C
Debido a que en el texto mencionan a China y el mundo europeo, y como China hace parte del continente asiático esta es la respuesta correcta, además puente hace referencia a la conexión que hubo que entre los dos países.

El artista neerlandés, Maurits C. Escher, nació en Leeuwarden el 17 de junio de 1898. Su padre George, era ingeniero civil y estaba casado en segundas nupcias. Su madre, Sarah, era hija de un ministro. Movido por su deseo de ser arquitecto, Escher se matriculó en la Escuela de Arquitectura y Artes Decorativas de Haarlem. Él es conocido mundialmente por sus grabados y obras gráficas expresas de efectos espaciales enigmáticos.

99. ¿Cuál era la profesión de Escher?

    A. Artista.

    B. Ministro.

    C. Arquitecto.

    D. Ingeniero Civil.

La respuesta correcta es la A
A pesar de que Escher se matriculó en la escuela de Arquitectura, él es conocido mundialmente por sus grabados y obras gráficas, el cual se deduce que dedico su vida a esta profesión, para afirmar esta respuesta también al principio del texto la mencionan.

Al analizar el progreso de la mujer a través de variables cuantitativas, la Fundación Clinton lanzó un reporte extensivo sobre las regulaciones nupciales de cada país, donde se reveló – para sorpresa de muchos – que ciertos estereotipos sobre las naciones ricas y pobres no son necesariamente aplicables. Países como Rusia, China, y Etiopía prohíben el matrimonio antes de los 18 años, mientras que en gran parte de América esto es permitido «con el consentimiento de los padres».

100. ¿Qué se puede deducir del párrafo?

    A. En China y Rusia hay muchas bodas.

    B. El párrafo sugiere que continúan las bodas infantiles aún en el Siglo XXI, sorpresivamente tanto en países establecidos, así como en naciones emergentes.

    D. La Fundación Clinton es una organización importante dedicada al cuidado y bienestar de las niñas alrededor del mundo.

    D. El matrimonio antes de los 18 años limita el potencial máximo de las niñas, afectando la salud, educación y seguridad.

La respuesta correcta es B
Al analizar el párrafo en su totalidad la opción B se presenta como la mejor respuesta posible. Se indica que "ciertos estereotipos de las naciones ricas y pobres no son necesariamente aplicables", siendo esta parte del texto decisiva para inferir que la opción B es la correcta.

Se cree que el tenedor llegó a Occidente procedente de Constantinopla en el siglo XI. Cuando Teodora, hija del emperador Constantino X Ducas, contrajo nupcias con el Dux Doménico Selvo. Sin embargo, Teodora, era señalada como escandalosa e incoherente debido a esta y otras costumbres por lo que autoridades eclesiásticas, llamaron a dicho utensilio «instrumentum diaboli», que en Español significa «instrumento diabólico».

101. ¿A qué se refiere la palabra «utensilio» en la quinta línea?

   A. A Constantinopla.

   B. Al tenedor.

   C. A *instrumentum diaboli.*

   D. A las costumbres.

La respuesta correcta es la B
Ya que la palabra utensilio hace referencia a un objeto que tiene un uso específico y frecuente, en este caso es utensilio de cocina que se refiere principalmente al tenedor.

CONTRATO AL QUE SE DEBERÁ DE SUJETAR LA MAESTRA (1923)

1.-No casarse. Este contrato quedará automáticamente anulado y sin efecto si la maestra se casa. 2.- No andar en compañía de hombres. 3.- Estar en su casa entre las 8:00 de la noche y las 6:00 de la mañana a menos que sea para atender alguna función escolar. 4.- No pasearse por las heladerías del centro de la ciudad. 5.- No abandonar la ciudad bajo ningún concepto sin permiso del presidente del Consejo de Delegados. 6.- No fumar. Este contrato quedará automáticamente anulado y sin efecto si se encontrara a la maestra fumando. 7.- No beber cerveza ni vino ni whisky. Este contrato quedará automáticamente anulado y sin efecto si se encontrara a la maestra bebiendo cerveza o vino o whisky. 8.- No viajar en coche o en automóvil con ningún hombre con excepto de su hermano o su padre. 9.- No usar ropa de color brillante. 10.- No teñirse el cabello. 11.- No usar polvos faciales ni pintarse los labios.
~Saltillo de Coahuila de Zaragoza, 1923.

102. ¿Qué tipo de documento se infiere que es?

    A. Una carta de amor.

    B. Un contrato del año de 1923.

    C. Un anuncio de publicidad de 1923.

    D. Un contrato de bomberos.

La respuesta correcta es la B
Es correcta porque allí claramente mencionan una serie de cláusulas que debe cumplir la maestra.

103. ¿Cuál de las siguientes opciones es motivo para anular tal contrato?

    A. Maquillarse.

    B. Ejercitarse.

    C. Cantar.

    D. Bailar.

La respuesta correcta es la A
Es correcta porque en la oración "No usar polvos faciales ni pintarse los labios.", hace referencia a maquillarse.

₁La Isla de Pascua, localizada en la Polinesia en medio del océano Pacífico, es la isla chilena más grande. Actualmente, cuenta con una población de 5035 habitantes, todos ellos concentrados en la ciudad de Hanga Roa. La característica principal de este poblado son las esculturas misteriosas conocidas como «Moáis». Se conocen más de 900, mismas que se cree, fueron esculpidas por los «rapa nui», los habitantes aborígenes del lugar. Labradas en «toba» volcánica, algunas de ellas no terminadas, su significado es aún incierto. El nombre completo de las estatuas en su idioma original es «Moai Aringa Ora» que significa «rostro vivo de los ancestros». Lo que sugiere que fueron esculpidas para ₁₀representar a Gobernantes y antepasados importantes. Los reyes poseían este poder de manera innata; otros podían adquirirlo realizando una serie de hazañas extraordinarias que involucraban principalmente, la resistencia física. Dichas esculturas fueron esculpidas en distintos tamaños y con características distintas. Éstas eran esculpidas sobre la roca volcánica en el cráter mismo, después cinceladas por la espalda ₁₅para desprenderlas de sus nichos para posteriormente ser transportadas hasta el lugar que les pertenecía. La mayoría de ellas, de espaldas al mar. Es, sin duda, un lugar lleno de misterio y riqueza cultural, siendo uno de los atractivos turísticos principales del mundo.

SPANISH

104. ¿Cómo se les llama a los aborígenes de La Isla de Pascua?

    A. Moáis.

    B. Hanga Roas.

    C. Rapa Nui.

    D. Pascuenses.

La respuesta correcta es la C
Ya que en el texto mencionan a los Rapa Nui como los habitantes aborígenes de la isla de Pascua.

105. ¿Qué significa la palabra «*innata*» en la octava línea?

    A. Del lugar.

    B. Aborígenes.

    C. De nacimiento.

    D. Cultural.

La respuesta correcta es la C
Innata significa que no es aprendido, es decir que pertenece a alguien desde su nacimiento.

106. ¿De qué material están hechas las esculturas?

    A. De oro.

    B. Piedra volcánica.

    C. De plata.

    D. De arcilla.

La respuesta correcta es la B
Debido a que las esculturas fueron talladas sobre este material.

SPANISH

Cuando los marcianos no hablan

₁Uno de los desafíos más grandes para los hombres es interpretar correctamente y apoyar a una mujer cuando habla de sus sentimientos. El mayor desafío para las mujeres es interpretar correctamente y apoyar a un hombre cuando no habla. El silencio resulta muy fácilmente malinterpretado por las mujeres. Hombres y mujeres piensan y ₅procesan información en forma muy diferente. Las mujeres piensan en voz alta compartiendo su proceso de descubrimiento interior con un oyente interesado. Aún hoy, una mujer a menudo descubre qué quiere decir a través del proceso verbal simple. Este proceso de dejar simplemente que los pensamientos fluyan en libertad y expresarlos en voz alta, la ayuda en obtener provecho de su ₈intuición. Este proceso es perfectamente normal y a ₁₀veces especialmente necesario.

Pero los hombres procesan la información en forma muy diferente. Antes de hablar o responder, «meditan» o piensan en lo que escucharon o experimentaron. Interna y silenciosamente imaginan la respuesta más correcta y útil. Primero la formulan en su interior y luego la expresan. Este proceso podría tomar minutos u horas y para confundir ₁₅aún más a las mujeres, si no tienen suficiente información para procesar una respuesta, pueden llegar a no responder.

Las mujeres necesitan entender que cuando él está en silencio, está diciendo: «Todavía no sé qué decir, pero estoy pensando en ello». En lugar de eso, ellas escuchan: «No te estoy respondiendo porque tú no me importas y yo voy a ignorarte. Lo que me has dicho no es importante y por lo tanto no responderé».

~John Gray, Los hombres son de Marte y las mujeres son de Venus, 1995.

107. ¿Cuál es el tema principal del texto?

    A. Los marcianos.

    B. Los extraterrestres.

    C. Los procesos mentales.

    D. Las mujeres.

La respuesta correcta es la C
Porque el texto habla principalmente de la forma de pensar y responder tanto de los hombres y las mujeres, el cual está relacionado con los procesos cognitivos o mentales de cada uno de ellos.

SPANISH

108. Según el texto ¿Cómo procesan la información los hombres?

    A. Diferente.

    B. «Meditan».

    C. Rápido.

    D. Muy rápidamente.

La respuesta correcta es la B
Porque los hombres internamente procesan esta información mientras dan una respuesta a lo que escucharon o van a hablar.

109. ¿Cuál es el mayor desafío para las mujeres?

    A. Interpretar y apoyar correctamente a un hombre cuando habla de sus sentimientos.

    B. Interpretar y apoyar correctamente a un hombre cuando medita.

    C. Interpretar y apoyar correctamente a un hombre cuando no habla.

    D. Interpretar y apoyar correctamente a un hombre en la toma de decisiones.

La respuesta correcta es la C
Cuando un hombre no habla, el silencio resulta muy fácilmente malinterpretado por las mujeres.

110. ¿Qué sucede cuando los hombres se mantienen en silencio?

    A. Están formulando una pregunta para expresarla.

    B. Las mujeres lo malinterpretan y se enojan.

    C. Están formulando una respuesta para expresarla.

    D. Las mujeres están formulando una respuesta para expresarla.

La respuesta correcta es la B
Porque mientras los hombres piensan en que responder, las mujeres mal interpretan este tiempo de silencio.

SPANISH

111. ¿A qué se refiere la frase «piensan en voz alta» en la línea 5?

    A. Son ruidosas.

    B. Externan sus sentimientos y sus pensamientos.

    C. Hablan mucho.

    D. Piensan más rápido que los demás.

La respuesta correcta es la B
Pensar en voz alta significa expresar lo que se piensa, pero hablando muy bajo.

112. ¿Cuánto dura el procesamiento de pensamientos en el género masculino?

    A. Una hora.

    B. Minutos y horas.

    C. 30 minutos.

    D. Un minuto.

La respuesta correcta es la B
Ya que el texto no especifica cuantos minutos u horas son.

113. ¿Cómo traducen las mujeres el silencio en los hombres?

    A. Como falta de interés de los hombres por los sentimientos y pensamientos de las mujeres.

    B. Como ignorancia y miedo a responder acertadamente a los sentimientos de las mujeres.

    C. Saben que los hombres necesitan tiempo para meditar y procesar la información.

    E. Saben que los hombres tienen problemas para interpretar los sentimientos correctamente.

La respuesta correcta es la A
Ya que las mujeres interpretan el silencio de los hombres como si no les interesara lo que ellas preguntaron, como si no quisieran responder y como algo que no es importante para ellos.

SPANISH

₁*El pensamiento es esa pérdida de tiempo que tiene lugar entre el momento en que percibimos algo y el momento en que sabemos cómo manejarnos con respecto a lo percibido. Es un espacio de tiempo ocupado por la serie de ideas que se van sucediendo, una a partir de la otra, cuando intentamos elaborar la situación que nos resulta desconocida hasta transformarla en algo conocido que sabemos cómo enfrentar. Más ₅tarde, el hombre aprende a recrearse jugando con las ideas por el placer de hacerlo. Pero la finalidad biológica fundamental del pensamiento consiste en capacitar al organismo vivo para sobrevivir, procurándose todo aquello que necesita y alejándose de lo que le representa un peligro. De lo que se trata es de saber cómo reaccionar ante una situación: ¿Será conveniente abalanzarse con avidez o retroceder con recelo?*
₁₀*Tres son los pensamientos básicos que utilizan los seres vivos a fin de conocer las cosas lo bastante como para reaccionar ante ellas en forma apropiada.*

1. *Instinto: Es una reacción fija, integrada de tal modo que el organismo, ante una situación determinada, producirá automáticamente una respuesta determinada. Es directa, es automática, es inmutable como la iluminación de un ambiente ₁₅cuando encendemos la luz. No se requiere ningún aprendizaje.*

2. *Aprendizaje: Existen dos tipos de aprendizaje: De primera mano y de segunda mano. El aprendizaje de primera mano es un proceso lento por medio del cual un organismo encuentra la respuesta conveniente a una situación mediante ensayo y error. Así un secretario descubre cómo es que su patrón prefiere que las cartas ₂₀a los clientes sean escritas. El gato aprende a regresar al hogar y el jugador de tenis a sacar la pelota. Por otra parte, el aprendizaje de segunda mano es una especie de instinto artificial. Conlleva respuestas inmediatas para situaciones, sin necesidad de pasar por el proceso lento de prueba y error. Es un tipo de aprendizaje transmitido, proviene de la televisión, y de la escuela.*

3. *₂₅Comprensión: ¿Qué sucede cuando lo que se nos presenta, es una situación desconocida, nueva ₂₇totalmente para nuestra mente para la cual no tenemos respuesta? La comprensión es el proceso por el cual transformamos una situación desconocida en una situación conocida, para saber así cómo reaccionar ante ella. Proceso mediante el cual, se pasa de una idea a otra, con tal de afianzarla en la ₃₀psique. El pasar de ideas es el pensamiento. Y comprender es pensar.*

SPANISH

114. ¿Cuáles son los tres pensamientos básicos que utilizan los seres vivos para reaccionar?

    A. Pensar, aprender, y comprender.

    B. Pensar, actuar, e iluminar.

    C. Responder, comprender, y aprender.

    D. Aprender, comprender, e intuir.

La respuesta correcta es la A
El hombre primero piensa sobre la situación haciendo un análisis, lo que se conecta al instinto, luego aprende a adaptar ese pensamiento en la realidad por medio de la experiencia y finalmente, comprende por medio de la percepción que le da una idea clara sobre lo que se dice, se hace o sucede al descubrir el sentido profundo de algo.

115. Según la lectura, ¿Qué es el pensamiento?

    A. Una pérdida de tiempo.

    B. El momento entre percibir y actuar con respecto a lo percibido.

    C. Es un espacio de tiempo ocupado por cosas que suceden alrededor.

    D. Las situaciones que suceden una detrás de la otra.

La respuesta correcta es la B
El pensamiento lugar entre el momento en que percibimos algo y el momento en que sabemos cómo manejarnos o actuar con respecto a lo percibido

116. ¿A qué se refiere la frase, «como la iluminación de un ambiente cuando encendemos la luz»?

    A. La energía eléctrica es rápida y costosa.

    B. Es una manera de relacionar a, y explicar el concepto mediante la metáfora.

    C. Los ambientes con iluminación son automáticos y dinámicos.

    D. El pensamiento en general es tan rápido como la luz.

La respuesta correcta es la B
La frase mencionada, es una conexión metafórica para dar un explicación más clara y válida al concepto citado.

SPANISH

117. ¿Cómo se describe el aprendizaje de segunda mano?

    A. Se aprende por medio de la televisión y de la escuela.

    B. Los gatos aprenden a llegar a su hogar de segunda mano.

    C. Es un tipo de inteligencia artificial que se encuentra en la mente de los humanos.

    D. Es un tipo de aprendizaje transmitido y se efectúa por medio de respuestas inmediatas.

La respuesta correcta es la C
Es la respuesta más apropiada porque contiene más información sobre el aprendizaje de segunda mano, ya que es es transmitido de la televisión, y de la escuela y se efectúa por medio de respuesta inmediatas.

118. ¿Con cuál de las siguientes opciones se asemeja a la palabra, «totalmente» en la línea 27?

    A. Absoluto.

    B. Suma.

    C. Resultado.

    D. Único.

La respuesta correcta es la C
El adjetivo que más se asemeja a la palabra "totalmente", es "absoluto", porque significa que es completo o total.

119. ¿Cuál es el tipo de pensamiento para el cual no se requiere aprendizaje?

    A. Instinto.

    B. Pensamiento.

    C. Comprensión.

    D. Aprendizaje.

La respuesta correcta es la A
El instinto es el pensamiento innato e inmutable que no requiere ningún tipo aprendizaje.

120. ¿A qué se refiere la palabra, «psique» en la última línea?

   A. Al alma.

   B. Al cerebro.

   C. A la mente.

   D. Al pensamiento.

La respuesta correcta es la C
La psique corresponde a la mente, ya que son el conjunto de las funciones afectivas y mentales de una persona. La mente contiene el pensamiento y el cerebro es la parte física más grande del encéfalo, y el alma es la parte inmaterial del ser humano y principio espiritual. Por consiguiente, la mente es la única opción válida de respuesta.

FRENCH

Description of the Examination

The French Language examination is designed to measure knowledge and ability equivalent to that of students who have completed two or three semesters of college French language study.

The examination contains approximately 121 questions to be answered in 90 minutes. Some of these are pretest questions that will not be scored. There are three separately timed sections. The three sections are weighted so that each question contributes equally to the total score. Any time candidates spend on tutorials or providing personal information in in addition to the actual testing time.

Colleges may award different amounts of credit depending on the candidate's test scores.

Knowledge and Skills Required

Candidates must demonstrate their ability to understand spoken and written French. The CLEP French Language examination tests their listening and reading skills through the various types of questions listed below. The percentages indicate the approximate percentage of exam questions devoted to each type of question.

15% **Section I:**
Listening: Rejoinders
- Listening comprehension: choosing the best responses to short spoken prompts

25% **Section II:**
Listening: Dialogues and Narratives
- Listening comprehension: choosing the answers to questions based on longer spoken selections

60% **Section III:**
Reading
- 10% Part A. Discrete sentences (vocabulary and structure)
- 20% Part B. Short cloze passages (vocabulary and structure)
- 30% Part C. Reading passages and authentic stimulus materials (reading comprehension)

FRENCH

Section I- Listening: Rejoinders
Listening comprehension: choosing the best responses to short spoken prompts

> **Directions for Section I:** You will hear short conversations or part of conversations. You will then hear four responses, designated A, B, C and D. After you hear the four responses, choose the lettered response that lost logically continues or completed the conversation. You will have 10 seconds to choose your response before the next conversation begins. When you are ready to continue, click on the Dismiss Directions icon.

1. *(Personne A)* Où sont tes enfants? Ça fait longtemps que je ne les ai pas vus.
   (personne B)

   A. Mes enfants sont partis en vacances avec leur grand-mère

   B. Les vacances passent rapidement.

   C. Est-ce que tu as pris des vacances cette année?

   D. Combien d'heures travailles-tu par jour?

2. *(Personne A)* Il fait très beau aujourd'hui, j'aimerai aller me promener dans le parc mais j'ai beaucoup de travail à finir. J'hésite si j'y vais ou pas.
   (personne B)

   A. Est-ce que je peux t'accompagner?

   B. Je n'aime pas le soleil, je préfère la pluie.

   C. Tu peux quand même prendre une pause de cinq minutes.

   D. Je vais aller manger au parc.

3. *(Personne A)* J'ai perdu mon chat, je ne l'ai pas vu depuis ce matin. Je ne sais pas quoi faire.
   (personne B)

   A. Mes voisins ont un chat aussi.

   B. J'ai des allergies aux chats.

   C. Est-ce que tu as demandé à tes voisins s'ils l'ont vu?

   D. J'avais un chat lorsque j'étais enfant.

4. *(Personne A)* As-tu un guide touristique de Paris? Je vais passer mes vacances d'été à Paris.
   (personne B)

   A. Ma sœur en a un, je peux lui demander si elle peut te le prêter.

   B. J'ai visité Paris l'année dernière.

   C. Il pleut beaucoup à Paris.

   D. Je ne parle pas français.

FRENCH

5. *(Personne A)* **Je pense que j'ai de la fièvre. Peux-tu me chercher un thermomètre?**
(personne B)

   A. J'étais malade la semaine dernière, heureusement j'avais un thermomètre chez moi.

   B. Oui bien sûr, je vais te le chercher tout de suite.

   C. Il fait très froid dehors. Le thermomètre montre qu'il fait zéro degré

   D. Il faut faire attention lorsque les enfants ont de la fièvre.

6. *(Personne A)* **Ce film a été très long, je ne l'ai pas du tout aimé. Est-ce que tu l'as aimé?**
(personne B)

   A. Je n'aime pas les chansons longues.

   B. Pourquoi n'as-tu pas dit à ton frère de venir avec nous?

   C. Au contraire, c'était un très bon film, je l'ai bien aimé.

   D. Demain je vais au cinéma avec mes enfants.

7. *(Personne A)* **Mon fruit préféré est l'ananas. Et toi?**
(personne B)

   A. Il n'y a plus de fraises au marché.

   B. J'ai des allergies aux ananas.

   C. Moi je préfère les oranges.

   D. Mes enfants adorent les ananas.

8. *(Personne A)* **Il fait très sombre au parc pendant la soirée, j'ai peur d'y aller tout seul. Est-ce que tu peux venir avec moi?**
(personne B)

   A. Les voleurs se cachent au parc tous les soirs.

   B. Je peux t'accompagner si tu veux.

   C. J'ai laissé mon livre au parc, je dois aller le chercher

   D. Il n'y a personne au parc.

9. *(Personne A)* **Mes enfants aiment que je leur raconte une histoire avant de dormir. Tes enfants aussi?**
(personne B)

   A. Mes enfants aiment aussi les histoires.

   B. Les livres pour enfants sont chers dans cette librairie.

   C. Ma fille aime colorier.

   D. Je m'endors souvent avant mes enfants lorsque je leur raconte des histoires.

10. *(Personne A)* Je dois acheter un cadeau à ma mère pour son anniversaire. As-tu des idées?
(personne B)

   A. J'ai acheté une montre à ma mère.

   B. Je n'aime pas acheter des cadeaux.

   C. J'ai reçu un bon cadeau hier.

   D. Tu peux peut être lui demander ce dont elle a besoin.

11. *(Personne A)* J'attends le printemps impatiemment pour commencer à planter des fleurs au jardin. As-tu un jardin?
(personne B)

   A. Malheureusement non, j'aurai bien aimé faire aussi du jardinage.

   B. Je ne savais pas que tu faisais du jardinage.

   C. L'été me manque.

   D. Il a plu beaucoup cet hiver.

12. *(Personne A)* Comment ça se fait que tu connais cette chanson par cœur?
(personne B)

   A. Ma mère me l'avait chantée souvent depuis que j'avais cinq ans.

   B. Mon enfant aime cette chanson aussi.

   C. J'aime chanter.

   D. Je joue du piano souvent.

13. *(Personne A)* Tu n'as pas bien mangé aujourd'hui. Es-tu malade?
(personne B)

   A. Il ne fait pas beau aujourd'hui.

   B. Je n'ai pas bien dormi toute la nuit, mon fils est malade.

   C. Oui je ne me sens pas bien depuis ce matin.

   D. On peut aller manger ensemble demain.

14. *(Personne A)* As-tu vu mon livre d'histoire? Je dois étudier pour l'examen de demain.
(personne B)

   A. Je n'aime pas le cours d'histoire.

   B. Peut-être tu l'as oublié à l'école.

   C. L'histoire de mon pays est très sanglante.

   D. L'examen d'histoire dure deux heures consécutives.

15. *(Personne A)* Est-ce que le concert a déjà commencé? Je viens d'arriver.
(personne B)

   A. Je ne vais pouvoir aller au concert avec vous.

   B. J'ai des billets supplémentaires pour le concert de ce soir si tu veux amener des amis avec toi.

   C. Cet artiste arrive toujours en retard.

   D. Ça vient juste de commencer, tu es arrivé juste à temps.

FRENCH

16. *(Personne A)* **Quelle couleur dois-je utiliser pour peindre les murs du salon?**
    (personne B)

    A. Mon fauteuil est rouge.

    B. Ça fait deux années que je n'ai pas peinturé les murs de mon salon.

    C. Je pense que le blanc ira bien avec ton fauteuil rouge.

    D. Cette peinture m'a coûté cher.

17. *(Personne A)* **Est-ce que tu peux m'apprendre à tricoter?**
    (personne B)

    A. Oui bien sûr. Quand est-ce que tu as du temps libre?

    B. Ma grand-mère me tricotait tous mes vêtements.

    C. Je prends des cours pour apprendre à tricoter.

    D. Je veux tricoter des gants pour ma fille.

18. *(Personne A)* **Sais-tu s'il y a une pharmacie dans ce quartier?**
    (personne B)

    A. J'ai mal à la tête.

    B. Je n'ai aucune idée, il faut demander aux voisins, ils connaissent le quartier mieux que moi.

    C. Certains médicaments sont toxiques.

    D. La pharmacie ferme à 20h.

Listening Section II

Directions for Section II: You will hear a series of selections, such as dialogues, announcements and narratives. As each section is playing, you will see a picture of or a screen that says "Listen Now". Only after the entire selection has played you will be able to see the questions, which will appear one at a time. Each selection is followed by one or more questions, each with four answer choices. **You will have a total of 8 minutes to answer all the questions in this section. Note: the timer is activated only when you are answering questions**. After you read the question and the four responses, click on the response oval next to the best answer. Then, click NEXT to go on. In this section you adjust the volume only when your question is on your screen. It will affect the volume of the next audio prompt you hear. **You cannot change the volume while the audio prompt is playing**. When you are ready to continue, click on the Dismiss Directions icon.

Sélection numéro 1 :

Narrateur : Un client entre dans une pâtisserie

Client : Bonjour, je voudrais trois croissants au beurre s'il vous plaît.
Employé : Oui bien sûr, ça sera tout ?
Client : Est-ce que vous avez des tartes ?
Employé : Oui, j'ai des tartes aux pommes ou des tartes aux fraises.
Client : Je vais prendre une tarte aux fraises s'il vous plaît.
Employé : Oui, c'est pour combien de personnes ?
Client : Pour six personnes.
Employé : Voilà monsieur. Vous pouvez payer à la caisse qui est juste à votre gauche.
Client : Merci, bonne journée.

19. **Avec qui le client parle-t-il?**

    A. La caissière.

    B. Le voisin.

    C. L'employé.

    D. La secrétaire.

20. **Qu'est-ce que le client veut acheter?**

    A. Des fraises.

    B. Des croissants.

    C. De la beurre.

    D. Des pommes.

21. **Où se trouve le client?**

    A. Dans un restaurant.

    B. Chez les voisins.

    C. Au supermarché.

    D. Dans une pâtisserie.

Sélection numéro 2 :

Narrateur: **Sylvie appelle son frère Pierre.**

Sylvie : **Allô Pierre. Tu vas bien? Regarde, je vais demain faire du ski avec Julien. Maman nous prête sa voiture. J'ai invité Carine et Jean. Il y a encore une place dans la voiture. Est-ce que tu voudrais venir avec nous ?**
Pierre : **Je me sens un peu malade. Je ne pense pas que je vais pouvoir venir avec vous. J'ai envie de faire quelque chose de plus tranquille. Je vais aller voir un film avec Nicolas. Ça sera pour une autre fois.**
Sylvie : **Oui je comprends. Repose-toi bien.**
Pierre : **Au revoir.**

22. **Pourquoi Sylvie emprunte la voiture de sa mère?**

    A. Pour prendre son frère à l'hôpital.

    B. Pour aller avec son frère au cinéma.

    C. Pour aller faire du ski avec ses amis.

    D. Pour aller visiter Carine et Jean.

23. **Dans quelle saison se passe cette conversation?**

    A. En été.

    B. Au printemps.

    C. En automne.

    D. En hiver.

24. **Pourquoi Pierre ne veut pas accompagner Sylvie?**

    A. Parce qu'il se sent malade.

    B. Parce que son ami Nicolas est malade.

    C. Parce qu'il n'aime pas faire du ski.

    D. Parce qu'il n'y a pas de place pour lui dans la voiture.

FRENCH

Sélection numéro 3 :

Narrateur : Prendre un rendez-vous avec la dentiste.

Infirmière : Bonjour. Clinique du Dr. Girard.
Patient : Bonjour. Est-ce que je peux prendre un rendez-vous avec la dentiste s'il vous plaît?
Infirmière : Est-ce que je peux avoir votre nom et prénom.
Patient : Antoine Alexandre.
Infirmière : Est-ce que c'est pour votre examen annuel?
Patient : Non, j'ai perdu un plombage et je veux voir la dentiste le plus tôt possible.
Infirmière : J'ai une place disponible après-demain à 15h.
Patient : C'est vraiment urgent, ça ne peut pas attendre jusqu'après demain.
Infirmière : Vous pouvez alors venir ce soir à 19h.
Patient : Merci beaucoup. A ce soir alors.

25. Chez qui le patient veut prendre un rendez-vous?

    A. Chez l'infirmière.

    B. Chez le chirurgien.

    C. Chez la dentiste.

    D. Chez le plombier.

26. Pourquoi le rendez-vous est-il urgent?

    A. Parce qu'il part en voyage.

    B. Parce qu'il perdu un plombage.

    C. Parce qu'il a un autre rendez-vous demain.

    D. Parce que la dentiste part en vacances.

27. Quand est-ce le patient a réussi à avoir un rendez-vous?

    A. Ce soir.

    B. Demain soir.

    C. Dans deux jours.

    D. Demain matin.

Sélection numéro 4 :

Narrateur : Le guide explique aux touristes par rapport à Nantes.

Le guide touristique: Nantes est une ville tranquille. Elle contient beaucoup de jardins et des parcs près du fleuve, de petites rues où on se promène à pied ou à vélo et elle est à 40 km de l'océan Atlantique. C'est une ville idéale pour la famille. C'est quand même une petite ville, elle compte environ 280 000 habitants mais c'est une ville très internationale. Dans le centre, il y a beaucoup de cafés et des restaurants où on parle chinois, grec ou turc. C'est aussi une ville idéale pour les étudiants. J'ai étudié à Nantes il y a dix ans et j'ai décidé d'y rester pour travailler.

28. Où se trouve Nantes?

   A. A 20 km de l'océan Atlantique.

   B. Près du fleuve.

   C. A 40 km de l'océan Pacifique.

   D. A 40 km de l'océan Atlantique.

29. Pourquoi le guide touristique se trouve à Nantes?

   A. Il est présentement un étudiant à Nantes.

   B. Il est né à Nantes.

   C. Il travaille à Nantes.

   D. Sa famille habite à Nantes.

30. Que trouve-t-on dans le centre de Nantes?

   A. Beaucoup d'étudiants.

   B. Beaucoup de cafés et de restaurants où on parle chinois, grec ou turc.

   C. Beaucoup de chinois, de grecs et de turcs.

   D. Beaucoup d'enfants.

Sélection numéro 5 :

Narrateur : Le père parle avec sa fille Julie alors qu'ils sont en route pour visiter grand-mère.

Le père : Calme-toi Julie. Tu bouges trop, je vais finir par faire un accident à cause de toi.
Julie : Ok papa. Tu sais, j'ai tellement hâte d'arriver chez grand-mère. Je suis sûre qu'elle nous a préparés beaucoup de desserts.

Narrateur : Le père décide d'allumer la radio en se disant que peut être sa fille va peut-être d'endormir si elle écoute un peu de musique.

Radio : N'oubliez pas la fête des grand-mères aujourd'hui. Bonne journée à tous!
Julie : Ah, c'est la fête des grand-mères. On a complètement oublié. On n'a rien préparé à grand-mère. Elle va être déçue. Il faut lui faire une surprise. Papa, est-ce qu'on peut faire demi-tour pour chercher un cadeau?
Le père : Trop tard Julie, nous sommes arrivés.

31. Où s'en va Julie?

   A. Chercher un cadeau à sa grand-mère.

   B. Visiter sa grand-mère.

   C. Se promener avec son père en voiture.

   D. Jouer avec des amis.

32. **Quel est le problème qui survient?**

    A. Le père fait un accident.

    B. La grand-mère n'a pas préparé de desserts.

    C. Le père décide de faire demi-tour.

    D. Julie a oublié que c'est la fête des grand-mères.

33. **Quelle décision a été prise pour résoudre le problème?**

    A. Faire demi-tour pour chercher un cadeau à la grand-mère.

    B. Préparer un dessert pour la grand-mère.

    C. Continuer le chemin.

    D. Ne plus visiter la grand-mère.

Sélection numéro 6 :

Narrateur : **Lucie et sa mère au jardin.**

Lucie : **Quelle heure est-il maman?**
La mère : **Il est 10h. C'est la cinquième fois que tu me poses la même question. Pourquoi poses-tu cette question si souvent?**
Lucie : **J'attends le facteur; peut-être Caroline m'a envoyé une lettre du Sénégal; et sur la lettre il y aura un timbre pour ma collection.**

34. **Quelle est la question que Lucie pose souvent?**

    A. Elle demande l'heure.

    B. Elle demande si le facteur est venu.

    C. Elle demande si elle peut aider sa mère à faire du jardinage.

    D. Elle demande si elle peut visiter son amie Caroline.

35. **Qu'est-ce que Lucie attend?**

    A. Que son amie Caroline arrive.

    B. Que le facteur arrive.

    C. Que l'heure du déjeuner arrive.

    D. Que le soleil se couche pour demander à sa mère de lui raconter une histoire.

36. **Quel est le passe-temps favori de Lucie?**

    A. Faire du jardinage.

    B. Envoyer des lettres à des amis.

    C. Collectionner des timbres.

    D. Se promener dans la nature.

FRENCH

Sélection numéro 7 :

Narrateur : Rachid rencontre son amie Mélanie dans la rue.

Rachid : Salut Mélanie, comment vas-tu?
Mélanie : Pas mal. Je n'aime pas ce climat. Il pleut depuis hier. Tout est gris est triste. Moi, je n'aime pas la pluie. Quand il pleut, on doit rester à la maison.
Rachid : Moi, j'adore la pluie
Mélanie : Pourquoi?
Rachid : Quand il pleut, mes plantes sont contentes et je ne dois pas les arroser à tous les jours.
Mélanie : Tu as un jardin? Je ne savais pas. Qu'est-ce que tu as comme plantes?
Rachid : J'ai des tomates, des concombres, des aubergines, des laitues, des radis et beaucoup de fines herbes.
Mélanie : C'est formidable. J'aimerai goûter à tes légumes un jour. J'adore les légumes.
Rachid : Avec plaisir. Tu viendras alors demain chez soir pour dîner chez moi.
Mélanie : Parfait. A demain alors.

37. Qu'est-ce qui dérange Mélanie?

    A. Arroser les plantes à tous les jours.

    B. Rester à la maison à cause de la pluie.

    C. Cuisiner à tous les jours.

    D. Être mouillée à cause de la pluie.

38. Pourquoi Rachid est content?

    A. Parce qu'il a rencontré Mélanie dans la rue.

    B. Parce qu'il va cuisiner demain soir.

    C. Parce qu'il pleut et qu'il n'aura pas à arroser ses plantes.

    D. Parce que Mélanie veut goûter à ses légumes.

39. Pourquoi Mélanie visitera Rachid demain soir?

    A. Pour goûter à ses légumes.

    B. Pour voir le jardin de Rachid.

    C. Pour se cacher de la pluie.

    D. Pour arroser les plantes de Rachid.

Sélection numéro 8 :

Narrateur : Nouvelles à la radio ce matin.

Radio : C'est un message adressé aux habitants du quartier de la zone 1. Une femme a disparu hier soir. Elle était partie faire des courses et n'est jamais rentrée chez elle depuis. Son nom est Brigitte Dumas. Elle a 65 ans. Elle est petite, elle a les cheveux bruns et longs et ses yeux sont verts. Elle portait un grand manteau marron, un tailleur noir et un chemisier blanc. Si vous l'avez-vu veuillez contacter sa fille au numéro suivant 015222333.

FRENCH

40. **Quel message est annoncé à la radio ce matin?**

    A. Une fille a disparu.

    B. Une femme âgée a disparu.

    C. Une femme âgée a été retrouvée toute seule dans le quartier de la zone 1.

    D. Les habitants du quartier ne doivent pas quitter leurs maisons ce matin.

41. **Pourquoi le message est annoncé à la radio?**

    A. Pour faire peur aux enfants.

    B. Pour dire aux personnes âgées de ne plus sortir seuls.

    C. Pour donner le numéro de téléphone aux voisins.

    D. Pour faciliter la recherche de la femme disparue.

42. **A qui appartient le numéro de téléphone annoncé à la radio?**

    A. C'est le numéro de la station de radio.

    B. C'est le numéro de la femme disparue.

    C. C'est le numéro de la fille de la femme disparue.

    D. C'est le numéro du mari de la femme disparue.

<u>Sélection numéro 9 :</u>

Narrateur : Charlotte appelle sa sœur Amélie.

Charlotte : Salut Amélie. Tu vas bien? Tu te rappelles l'été dernier tu m'avais promis de venir me rendre visite à Paris. Je me sens toute seule ces jours-ci et j'apprécierai tellement ta visite. Aussi, tu me manques beaucoup. Alors, vas-tu venir?
Amélie : Ah oui Charlotte. Je n'ai jamais oublié ma promesse de l'été dernier.
Charlotte : Alors voilà, je te propose de venir passer quelques jours de vacances chez moi au mois d'août, comme ça tu découvriras aussi Paris pour une première fois. Est-ce que ça te convient?
Amélie : Bon, je vais vérifier mon agenda et voir mes disponibilités durant le mois d'août. Je t'appellerai demain pour confirmer les dates.

43. **Quel est le sujet de la conversation téléphonique entre Charlotte et sa sœur?**

    A. Charlotte invite sa sœur à venir lui rendre visite à Paris.

    B. Amélie invite sa sœur à venir lui rendre visite à Paris.

    C. Charlotte organise avec sa sœur Amélie une randonnée.

    D. Charlotte est malade et demande à sa sœur Amélie de venir s'occuper d'elle.

44. Pourquoi Amélie veut vérifier son agenda?

    A. Pour vérifier si elle a des rendez-vous importants cette semaine.

    B. Pour s'assurer des dates pour lesquelles elle sera disponible pendant le mois d'août.

    C. Pour vérifier si elle a pris un rendez-vous avec le dentiste.

    D. Pour vérifier quand est-ce que Charlotte va venir lui rendre visite.

45. Est-ce que Charlotte et sa sœur s'entende bien?

    A. Oui parce que Charlotte a dit à Amélie qu'elle lui manque.

    B. Oui parce que Charlotte appelle sa sœur à tous les jours.

    C. Non parce qu'Amélie ne veut pas aller rendre visite à sa sœur.

    D. Non parce que Charlotte ne veut pas s'occuper de sa sœur pendant le voyage.

Sélection numéro 10 :

Narrateur : Faire une réservation à l'hôtel.

Réceptionniste : Hôtel Gabriel bonjour, comment puis-je vous aider?
Thomas : Bonjour. J'aimerai faire une réservation d'une chambre pour deux personnes au nom de Thomas Pierre.
Réceptionniste : Avec plaisir Monsieur Pierre. C'est pour combien de nuits?
Thomas : C'est pour deux nuits, entre le 10 et le 12 juillet.
Réceptionniste : J'ai une chambre avec un lit à deux places avec une salle de bain avec baignoire.
Thomas : Oui ça me convient très bien.
Réceptionniste : Alors, le jour de votre arrivée vous vous présenterez à la réception et on vous fournira la clé magnétique et vous pouvez signer les documents nécessaires.
Thomas : Est-ce que vous avez un parking privé à l'hôtel pour garer ma voiture?
Réceptionniste : Oui, mais malheureusement il y a aura des frais supplémentaires à payer.
Thomas : Ah non, ça ne me convient pas du tout. Je vais chercher un autre hôtel qui me fournira un parking gratuit. Au revoir.
Réceptionniste : Mr. Pierre. Vous êtes encore là? Je peux peut être vous faire une meilleure offre. Mr. Pierre... Mr. Pierre..

46. Quelle est la raison de l'appel téléphonique?

    A. Thomas veut annuler une réservation.

    B. Thomas veut confirmer une réservation qu'il a faite par email.

    C. Thomas veut faire une réservation pour deux nuits.

    D. Thomas veut demander si l'hôtel a un stationnement.

FRENCH

47. **Quel est le problème qui est survenu durant l'appel?**

    A. Thomas n'aime pas la chambre car elle a une salle de bain avec baignoire.

    B. Thomas trouve que la chambre est chère.

    C. Thomas ne veut pas payer des frais supplémentaires pour garer sa voiture.

    D. L'hôtel n'a plus de chambres disponibles.

48. **Quelle a été la réaction de Thomas?**

    A. Il demande de parler à la personne responsable du service à la clientèle.

    B. Il décide de cherche un autre hôtel qui n'a pas de frais supplémentaires pour le parking.

    C. Il réserve la chambre bien qu'il y a des frais supplémentaires.

    D. Il dit au réceptionniste que leur service à la clientèle n'est pas professionnel.

49. **Comment le réceptionniste a essayé de résoudre le problème?**

    A. Il a essayé de lui présenter une meilleure offre.

    B. Il a raccroché le téléphone.

    C. Il a dit à Thomas d'attendre au téléphone le temps qu'il consulte son superviseur.

    D. Il lui a dit qu'il ne peut pas lui faire un rabais.

Section III: Reading
Part A. Discrete sentences

> **Directions for Part A:** Each incomplete statement is followed by four suggested completions. Select the one that is best in each case by clicking on the corresponding oval. When you have decided on your answer click NEXT to go on. When you are ready to continue, click on the Dismiss Directions icon.

50. **Il n'a pas dormi toute la nuit, il avait une ------.**

    A. une maladie

    B. une insomnie

    C. une mélancolie

    D. une sympathie

51. Jean travaille huit heures --- jour.

    A. pour

    B. sur

    C. par

    D. tout

52. Nathalie est allée à la bibliothèque pour ---- un livre dont elle a besoin pour sa recherche.

    A. prêter

    B. signer

    C. écrire

    D. emprunter

53. Quel moyen -----utilises-tu pour aller au travail?

    A. de transport

    B. de communication

    C. de financement

    D. de subsistance

54. Cette fille est très douée, elle a pu ----- le record mondial féminin du saut en hauteur.

    A. rompre

    B. parcourir

    C. battre

    D. apparaître

55. Je t'ai dit que tu ne peux pas emprunter ma voiture aujourd'hui. Tu peux me supplier------ que tu le voudras, ça ne va pas changer ma décision.

    A. tellement

    B. autant

    C. pourtant

    D. malgré

56. Le vélo----- je t'ai parlé a été vendu à mon voisin pour un petit prix. Il fallait qu'on l'achète hier.

    A. que

    B. qui

    C. dont

    D. quel

57. Il faut éteindre la lumière ----- que les enfants puissent s'endormir rapidement.

    A. parce

    B. en tant

    C. malgré

    D. pour

FRENCH

58. C'est une danseuse est ----------------.
Elle a très beau style et fait des performances partout au monde.

    A. exceptionnelle

    B. exceptionnel

    C. d'exception

    D. à l'exception

59. C'était agréable de voir les fleurs qu'il a ----- dans le jardin. Elles sont ravissantes!

    A. planté

    B. plantés

    C. plantées

    D. plantée

60. -----armoire est minuscule, j'espère qu'on va pouvoir mettre toutes nos affaires là-dedans.

    A. Cet

    B. Cette

    C. Ce

    D. C'est

61. J'espère que les enfants ne -------- pas fatigués après l'école. Je leur ferais une petite surprise.

    A. soient

    B. sont

    C. seront

    D. étaient

Part B. Short cloze passages

> **Directions for Part A:** In each of the following paragraphs, there are blanks indicating that words or phrases have been omitted. As you go through the questions, the computer will highlight each blank, one at a time. When a blank is shaded, four completions are provided. First, read through the entire paragraph. Then, for each blank, choose the completion that is most appropriate, given the context of the entire paragraph. Click on the corresponding oval. Click NEXT to go on. When you are ready to continue, click on the Dismiss Directions icon.

FRENCH

62. J'ai rencontré une femme dans ---- rue. Elle avait les cheveux blonds et portait un tailleur noir. ----- visage m'était familier et j'ai essayé de me rappeler où je ----ai rencontrée. Elle m'a vu ---- regarder. Elle est -----me saluer. C'était en fait une ancienne collègue de travail. Elle avait ---- le pays pour quelques années et je ne ---ai pas vu depuis. On s'est ------ de numéros de téléphones et on s'est décidé de se rencontrer bientôt.

    A. la

    B. sa

    C. l'

    D. le

63. J'ai rencontré une femme dans ---- rue. Elle avait les cheveux blonds et portait un tailleur noir. ----- visage m'était familier et j'ai essayé de me rappeler où je ----ai rencontrée. Elle m'a vu ---- regarder. Elle est -----me saluer. C'était en fait une ancienne collègue de travail. Elle avait ---- le pays pour quelques années et je ne ---ai pas vu depuis. On s'est ------ de numéros de téléphones et on s'est décidé de se rencontrer bientôt.

    A. Sa

    B. Son

    C. Mon

    D. Un

64. J'ai rencontré une femme dans ---- rue. Elle avait les cheveux blonds et portait un tailleur noir. ----- visage m'était familier et j'ai essayé de me rappeler où je ----ai rencontrée. Elle m'a vu ---- regarder. Elle est -----me saluer. C'était en fait une ancienne collègue de travail. Elle avait ---- le pays pour quelques années et je ne ---ai pas vu depuis. On s'est ------ de numéros de téléphones et on s'est décidé de se rencontrer bientôt.

    A. la

    B. les

    C. l'

    D. lui

65. J'ai rencontré une femme dans ---- rue. Elle avait les cheveux blonds et portait un tailleur noir. ----- visage m'était familier et j'ai essayé de me rappeler où je ----ai rencontrée. Elle m'a vu ---- regarder. Elle est -----me saluer. C'était en fait une ancienne collègue de travail. Elle avait ---- le pays pour quelques années et je ne ---ai pas vu depuis. On s'est ------ de numéros de téléphones et on s'est décidé de se rencontrer bientôt.

    A. venue

    B. venu

    C. partie

    D. surpris

66. J'ai rencontré une femme dans ---- rue. Elle avait les cheveux blonds et portait un tailleur noir. ----- visage m'était familier et j'ai essayé de me rappeler où je ----ai rencontrée. Elle m'a vu ---- regarder. Elle est -----me saluer. C'était en fait une ancienne collègue de travail. Elle avait ---- le pays pour quelques années et je ne ---ai pas vu depuis. On s'est ------ de numéros de téléphones et on s'est décidé de se rencontrer bientôt.

   A. partie
   B. aimé
   C. rencontré
   D. quitté

67. J'ai rencontré une femme dans ---- rue. Elle avait les cheveux blonds et portait un tailleur noir. ----- visage m'était familier et j'ai essayé de me rappeler où je ----ai rencontrée. Elle m'a vu ---- regarder. Elle est -----me saluer. C'était en fait une ancienne collègue de travail. Elle avait ---- le pays pour quelques années et je ne ---ai pas vu depuis. On s'est ------ de numéros de téléphones et on s'est décidé de se rencontrer bientôt.

   A. lui
   B. la
   C. l'
   D. s'

68. J'ai rencontré une femme dans ---- rue. Elle avait les cheveux blonds et portait un tailleur noir. ----- visage m'était familier et j'ai essayé de me rappeler où je ----ai rencontrée. Elle m'a vu ---- regarder. Elle est -----me saluer. C'était en fait une ancienne collègue de travail. Elle avait ---- le pays pour quelques années et je ne ---ai pas vu depuis. On s'est ------ de numéros de téléphones et on s'est décidé de se rencontrer bientôt.

   A. échangé
   B. changé
   C. écrit
   D. occupé

69. Pour moi, la santé est très importante. J'essaie de bien -------. Je prends un petit ----- à tous les jours et j'essaie de ne pas sauter de repas. Je trouve ---- c'est important de varier les menus et d'éviter les sucreries et les graisses. Ce matin, pour le petit déjeuner, j'ai mangé des céréales, et --- pain grillé ---- du beurre. Cependant, j'adore les cafés et j'--- bois au moins trois fois par jour.

   A. regarder
   B. manger
   C. marcher
   D. courir

70. Pour moi, la santé est très importante. J'essaie de bien -------. Je prends un petit ----- à tous les jours et j'essaie de ne pas sauter de repas. Je trouve ---- c'est important de varier les menus et d'éviter les sucreries et les graisses. Ce matin, pour le petit déjeuner, j'ai mangé des céréales, et --- pain grillé ---- du beurre. Cependant, j'adore les cafés et j'--- bois au moins trois fois par jour.

    A. dîner

    B. souper

    C. déjeuner

    D. manger

71. Pour moi, la santé est très importante. J'essaie de bien -------. Je prends un petit ----- à tous les jours et j'essaie de ne pas sauter de repas. Je trouve ---- c'est important de varier les menus et d'éviter les sucreries et les graisses. Ce matin, pour le petit déjeuner, j'ai mangé des céréales, et --- pain grillé ---- du beurre. Cependant, j'adore les cafés et j'--- bois au moins trois fois par jour.

    A. dont

    B. qui

    C. lequel

    D. que

72. Pour moi, la santé est très importante. J'essaie de bien -------. Je prends un petit ----- à tous les jours et j'essaie de ne pas sauter de repas. Je trouve ---- c'est important de varier les menus et d'éviter les sucreries et les graisses. Ce matin, pour le petit déjeuner, j'ai mangé des céréales, et --- pain grillé ---- du beurre. Cependant, j'adore les cafés et j'--- bois au moins trois fois par jour.

    A. de

    B. le

    C. du

    D. ce

73. Pour moi, la santé est très importante. J'essaie de bien -------. Je prends un petit ----- à tous les jours et j'essaie de ne pas sauter de repas. Je trouve ---- c'est important de varier les menus et d'éviter les sucreries et les graisses. Ce matin, pour le petit déjeuner, j'ai mangé des céréales, et --- pain grillé ---- du beurre. Cependant, j'adore les cafés et j'--- bois au moins trois fois par jour.

    A. avec

    B. sur

    C. à partir

    D. plus

FRENCH

74. Pour moi, la santé est très importante. J'essaie de bien -------. Je prends un petit ----- à tous les jours et j'essaie de ne pas sauter de repas. Je trouve ---- c'est important de varier les menus et d'éviter les sucreries et les graisses. Ce matin, pour le petit déjeuner, j'ai mangé des céréales, et --- pain grillé ---- du beurre. Cependant, j'adore les cafés et j'--- bois au moins trois fois par jour.

   A. y

   B. en

   C. il

   D. ai

75. J'ai des amis ---- habitent dans une petite ville ---- a lieu chaque printemps une grande fête des tulipes. Les montagnes qui s'élèvent --------- de cette ville sont couvertes de forêts magnifiques.
    Les activités qu'on peut ------- en été sont nombreuses: la marche en montagne, le vélo pour ceux à qui les côtes ne font pas peur et la baignade dans ------ glacées du lac.

   A. où

   B. dans lequel

   C. qui

   D. dont

76. J'ai des amis ---- habitent dans une petite ville ---- a lieu chaque printemps une grande fête des tulipes. Les montagnes qui s'élèvent --------- de cette ville sont couvertes de forêts magnifiques.
    Les activités qu'on peut ------- en été sont nombreuses: la marche en montagne, le vélo pour ceux à qui les côtes ne font pas peur et la baignade dans ------ glacées du lac.

   A. où

   B. quand

   C. qui

   D. dans lequel

77. J'ai des amis ---- habitent dans une petite ville ---- a lieu chaque printemps une grande fête des tulipes. Les montagnes qui s'élèvent --------- de cette ville sont couvertes de forêts magnifiques.
    Les activités qu'on peut ------- en été sont nombreuses: la marche en montagne, le vélo pour ceux à qui les côtes ne font pas peur et la baignade dans ------ glacées du lac.

   A. parmi

   B. tout autour

   C. en relation

   D. en comparaison

78. J'ai des amis ---- habitent dans une petite ville ---- a lieu chaque printemps une grande fête des tulipes. Les montagnes qui s'élèvent --------- de cette ville sont couvertes de forêts magnifiques.
Les activités qu'on peut ------- en été sont nombreuses: la marche en montagne, le vélo pour ceux à qui les côtes ne font pas peur et la baignade dans ------ glacées du lac.

   A. visiter

   B. finir

   C. pratiquer

   D. raconter

79. J'ai des amis ---- habitent dans une petite ville ---- a lieu chaque printemps une grande fête des tulipes. Les montagnes qui s'élèvent --------- de cette ville sont couvertes de forêts magnifiques.
Les activités qu'on peut ------- en été sont nombreuses: la marche en montagne, le vélo pour ceux à qui les côtes ne font pas peur et la baignade dans ------ glacées du lac.

   A. les algues

   B. les bords

   C. les poissons

   D. les eaux

80. ------- j'étais enfant, j'habitais dans une petite maison à la campagne. Mon père ------- dans une banque et ma mère était enseignante. Je ------- tous les jours la télé alors que ma sœur ------- de la guitare dans un groupe. Nous ------ les vacances d'été au bord de la mer chez mes grands-parents ------ allaient de temps en temps à la pêche.

   A. Depuis

   B. Lorsque

   C. A partir de

   D. Si

81. ------- j'étais enfant, j'habitais dans une petite maison à la campagne. Mon père ------- dans une banque et ma mère était enseignante. Je ------- tous les jours la télé alors que ma sœur ------- de la guitare dans un groupe. Nous ------ les vacances d'été au bord de la mer chez mes grands-parents ------ allaient de temps en temps à la pêche.

   A. travaillait

   B. travaille

   C. était

   D. travaillera

82. ------- j'étais enfant, j'habitais dans une petite maison à la campagne. Mon père ------- dans une banque et ma mère était enseignante. Je ------- tous les jours la télé alors que ma sœur ------- de la guitare dans un groupe. Nous ------ les vacances d'été au bord de la mer chez mes grands-parents ------ allaient de temps en temps à la pêche.

A. voyais

B. allumais

C. regardais

D. passais

83. ------- j'étais enfant, j'habitais dans une petite maison à la campagne. Mon père ------- dans une banque et ma mère était enseignante. Je ------- tous les jours la télé alors que ma sœur ------- de la guitare dans un groupe. Nous ------ les vacances d'été au bord de la mer chez mes grands-parents ------ allaient de temps en temps à la pêche.

A. dessinait

B. cassait

C. jouais

D. jouait

84. ------- j'étais enfant, j'habitais dans une petite maison à la campagne. Mon père ------- dans une banque et ma mère était enseignante. Je ------- tous les jours la télé alors que ma sœur ------- de la guitare dans un groupe. Nous ------ les vacances d'été au bord de la mer chez mes grands-parents ------ allaient de temps en temps à la pêche.

A. passons

B. passions

C. paraissons

D. puissions

85. ------- j'étais enfant, j'habitais dans une petite maison à la campagne. Mon père ------- dans une banque et ma mère était enseignante. Je ------- tous les jours la télé alors que ma sœur ------- de la guitare dans un groupe. Nous ------ les vacances d'été au bord de la mer chez mes grands-parents ------ allaient de temps en temps à la pêche.

A. qui

B. ils

C. lesquels

D. mais

FRENCH

Part C. Reading passages and authentic stimulus materials (reading comprehension)

> Read the following selections. Each selection is followed by one or more questions. For each question, select the answer or completion that is the best according to the selection. Clink on the corresponding oval. Click on NEXT to go on. When you are ready to continue, click on the Dismiss Directions icon.

86. Que faisait à cela mon élégante démone ? Par sa magie elle me transportait au bord du Nil, me montrait la pyramide égyptienne noyée dans le sable, comme un jour le sillon armoricain caché sous la bruyère.
Chateaubriand, Les Mémoires d'Outre-Tombe, 1784-1786

    Comment le narrateur est-il transporté au bord du Nil ?

    A. Par enchantement

    B. En avion

    C. À dos de chameau

    D. En bateau

87. « L'Alchimiste connaissait la légende de Narcisse, ce beau jeune homme qui allait tous les jours contempler sa propre beauté dans l'eau d'un lac. Il était si fasciné par son image qu'un jour il tomba dans le lac et s'y noya. A l'endroit où il était tombé, naquit une fleur qui fut appelée Narcisse. »
Paolo Coelho, L'Alchimiste, 1988

    Où Narcisse peut-il regarder son reflet ?

    A. Dans un miroir

    B. Sur son téléphone portable

    C. À la surface de l'eau

    D. En photographie

88. « L'Alchimiste connaissait la légende de Narcisse, ce beau jeune homme qui allait tous les jours contempler sa propre beauté dans l'eau d'un lac. Il était si fasciné par son image qu'un jour il tomba dans le lac et s'y noya. A l'endroit où il était tombé, naquit une fleur qui fut appelée Narcisse. »
Paolo Coelho, L'Alchimiste, 1988

    Pourquoi Narcisse a-t-il disparu ?

    A. Il s'en envolé

    B. Une fleur l'a avalé

    C. Il est mort noyé

    D. Il n'a pas disparu

89. La toilette de la gondole achevée, le gondolier passe à la sienne : il se peigne, secoue sa veste et son bonnet bleu, rouge ou gris ; se lave le visage les pieds, les mains.
Chateaubriant, Les Mémoires d'Outre-Tombe, 1833

    Qu'est-ce que le gondolier a nettoyé avant lui ?

    A. Son bonnet

    B. Sa gondole (le bateau typique que l'on trouve à Venise, en Italie)

    C. Son visage

    D. Ses cheveux

90. La toilette de la gondole achevée, le gondolier passe à la sienne : il se peigne, secoue sa veste et son bonnet bleu, rouge ou gris ; se lave le visage les pieds, les mains.
Chateaubriant, Les Mémoires d'Outre-Tombe, 1833

    De quelle couleur est le bonnet d'un gondolier ?

    A. Orange

    B. Jaune

    C. Vert

    D. Gris

91. J'ai l'honneur de vous inviter à l'assemblée générale de notre Société qui se tiendra le samedi 6 juin à 16 heure, à l'auditorium de l'Institut national d'histoire de l'art. Vous pourrez à cette occasion déguster une collation autour d'un rafraîchissement. Merci de penser à vos cotisations sous peine d'être radiés de l'association.

    À quel moment de la journée se déroule l'assemblée ?

    A. Le matin

    B. Le mid

    C. L'après-midi

    D. Le soir

92. J'ai l'honneur de vous inviter à l'assemblée générale de notre Société qui se tiendra le samedi 6 juin à 16 heure, à l'auditorium de l'Institut national d'histoire de l'art. Vous pourrez à cette occasion déguster une collation autour d'un rafraîchissement. Merci de penser à vos cotisations sous peine d'être radiés de l'association.

    Qu'arrivera-t-il aux personnes qui n'ont pas payé ?

    A. Elles devront payer une amende

    B. Elles ne pourront plus voter

    C. Elles seront emprisonnées

    D. Elles ne feront plus partie de la Société

93. Raymond lui a expliqué alors que le chien avait pu s'égarer et qu'il allait revenir. Il lui a cité des exemples de chiens qui avaient fait des dizaines de kilomètres pour retrouver leur maître. Malgré cela, le vieux a eu l'air agité.
Albert Camus, L'étranger, 1942

    Comment Raymond calme-t-il le vieux ?

    A. En lui massant le dos

    B. Il lui explique que de nombreux chiens sont revenus malgré la distance

    C. Il ne réussit pas à le calmer

    D. Il attend qu'il s'endorme

94. Raymond lui a expliqué alors que le chien avait pu s'égarer et qu'il allait revenir. Il lui a cité des exemples de chiens qui avaient fait des dizaines de kilomètres pour retrouver leur maître. Malgré cela, le vieux a eu l'air agité.
Albert Camus, L'étranger, 1942

    Qu'est-il arrivé à l'animal de compagnie de Raymond ?

    A. Il s'est perdu

    B. Il a été dévoré par des chacals

    C. Il s'est transformé en dauphin

    D. Il s'est fait renverser par une voiture

95. « Mon enfant, ma sœur, songe à la douceur,
    D'aller là-bas vivre ensemble.
    Aimer à loisir, aimer et mourir,
    Au pays qui nous ressemble.
    Là, tout n'est qu'ordre et beauté,
    luxe, calme et volupté »
    Charles Baudelaire, Les Fleurs Du Mal, 1857

    A qui l'auteur de ces vers parle-t-il ?

    A. À sa fille

    B. À sa mère

    C. À sa bien-aimée

    D. À la fille de son père

96. « Mon enfant, ma sœur, songe à la douceur,
    D'aller là-bas vivre ensemble.
    Aimer à loisir, aimer et mourir,
    Au pays qui nous ressemble.
    Là, tout n'est qu'ordre et beauté,
    luxe, calme et volupté »
    Charles Baudelaire, Les Fleurs Du Mal, 1857

    Où l'auteur souhaite-t-il se rendre ?

    A. En Égypte

    B. Dans son pays d'origine

    C. Dans un lieu imaginaire

    D. Nulle part

97. - Ça c'est la caisse. Le mouton que tu veux est dedans.
Mais je fus bien surpris de voir s'illuminer le visage de mon jeune juge :
- C'est tout à fait comme ça que je le voulais ! Crois-tu qu'il faille beaucoup d'herbe à ce mouton?
- Pourquoi ?
- Parce que chez moi c'est tout petit...
- Ça suffira sûrement. Je t'ai donné un tout petit mouton.
Il pencha la tête vers le dessin
- Pas si petit que ça... Tiens Il s'est endormi...
Et c'est ainsi que je fis la connaissance du petit prince.
Antoine de Saint-Exupéry, Le Petit Prince, 1943

Pourquoi le petit prince veut-il un petit mouton ?

A. Parce qu'il veut un bébé mouton

B. Parce qu'il n'a pas une grande maison

C. Pour le cacher dans sa poche

D. Le petit prince veut un renard, pas un mouton

98. - Ça c'est la caisse. Le mouton que tu veux est dedans.
Mais je fus bien surpris de voir s'illuminer le visage de mon jeune juge :
- C'est tout à fait comme ça que je le voulais ! Crois-tu qu'il faille beaucoup d'herbe à ce mouton?
- Pourquoi ?
- Parce que chez moi c'est tout petit...
- Ça suffira sûrement. je t'ai donné un tout petit mouton.
Il pencha la tête vers le dessin
- Pas si petit que ça... Tiens Il s'est endormi...
Et c'est ainsi que je fis la connaissance du petit prince.
Antoine de Saint-Exupéry, Le Petit Prince, 1943

Que fait le mouton du petit prince ?

A. Il mange

B. Il court

C. Il dort

D. Il prend un bain

99. Je m'occupai ensuite de la peinture de guerre de Paul, puis de la mienne. Enfin, couronné de plumes, les mains liées derrière le dos, je m'avançai gravement jusqu'au poteau de torture, auquel Paul m'attacha solidement, en poussant quelques cris rauques, qui représentaient des injures pawnees. Puis il dansa cruellement autour de moi, pendant que j'entonnais le Chant de mort.
Marcel Pagnol, La Gloire De Mon Père, 1957

    En quoi sont déguisés Paul et Marcel (l'auteur) ?

    A. En lapins

    B. En indiens

    C. En rois

    D. En pirates

100. Je m'occupai ensuite de la peinture de guerre de Paul, puis de la mienne. Enfin, couronné de plumes, les mains liées derrière le dos, je m'avançai gravement jusqu'au poteau de torture, auquel Paul m'attacha solidement, en poussant quelques cris rauques, qui représentaient des injures pawnees. Puis il dansa cruellement autour de moi, pendant que j'entonnais le Chant de mort.
Marcel Pagnol, La Gloire De Mon Père, 1957

    Pendant que Paul danse, que fait Marcel ?

    A. Il joue de l'accordéon

    B. Il tricote

    C. Il dîne

    D. Il chante

101. Quinze ans après le carillon nuptial, ils n'avaient guère changé. Camille alliait toujours la beauté du diable à une sensualité frémissante, et le Zèbre n'était pas menacé d'embonpoint ; mais force lui était de constater qu'ils s'ensablaient dans une torpeur matrimoniale voisine du sommeil. Le sacrement leur avait servi d'oreiller.
Alexandre Jardin, Le Zèbre, 1990

    Qu'est-ce qui a endormi le couple que forment Camille et le Zèbre (l'auteur) ?

    A. Le surpoids

    B. L'âge

    C. Les années de mariage

    D. Les insomnies

102. Quinze ans après le carillon nuptial, ils n'avaient guère changé. Camille alliait toujours la beauté du diable à une sensualité frémissante, et le Zèbre n'était pas menacé d'embonpoint ; mais force lui était de constater qu'ils s'ensablaient dans une torpeur matrimoniale voisine du sommeil. Le sacrement leur avait servi d'oreiller.
Alexandre Jardin, Le Zèbre, 1990

    Quel effet le temps a-t-il eu sur le couple ?

    A. Ils ont divorcé

    B. Le Zèbre a grossi

    C. Camille est possédée

    D. Le Zèbre s'ennuie

103. Récapitulons, petite je voulais devenir Dieu. Très vite, je compris que c'était trop demander et je mis un peu d'eau bénite dans mon vin de messe : je serais Jésus. J'eus rapidement conscience de mon excès d'ambition et acceptai de « faire » martyre quand je serais grande. Adulte, je me résolus à être moins mégalomane et à travailler comme interprète dans une société japonaise.
Amélie Nothomb, Stupeurs et Tremblements, 1999

    Quel métier la narratrice veut-elle exercer ?

    A. Elle souhaite créer une secte

    B. Elle a décidé d'être un leader religieux

    C. Nonne

    D. Elle pense pouvoir devenir le Tout-Puissant

104. Récapitulons, petite je voulais devenir Dieu. Très vite, je compris que c'était trop demander et je mis un peu d'eau bénite dans mon vin de messe : je serais Jésus. J'eus rapidement conscience de mon excès d'ambition et acceptai de « faire » martyre quand je serais grande. Adulte, je me résolus à être moins mégalomane et à travailler comme interprète dans une société japonaise.
Amélie Nothomb, Stupeurs et Tremblements, 1999

Arrivée à l'âge de travailler, semble-t-elle trouver sa vocation ?

A. Non, elle choisit de devenir chanteuse

B. Non, elle trouve du travail dans une église japonaise

C. Oui

D. Non, elle trouve un travail moins prestigieux comme traductrice.

105. La voisine prit alors la chandelle, qu'elle dirigea vers un coin de foyer, et je pus distinguer, accroupi dans l'âtre, un être incertain, qui paraissait endormi ; l'épaisse masse de ses cheveux cachait presque entièrement son visage.
André Gide, La Symphonie Pastorale, 1972

Dans quelle position dort la personne que l'on distingue dans la faible lueur ?

A. Debout

B. Assis sur ses talons

C. Sur le dos

D. En chien de fusil

106. La voisine prit alors la chandelle, qu'elle dirigea vers un coin de foyer, et je pus distinguer, accroupi dans l'âtre, un être incertain, qui paraissait endormi ; l'épaisse masse de ses cheveux cachait presque entièrement son visage.
André Gide, La Symphonie Pastorale, 1972

À quel endroit dort l'être que l'on aperçoit ?

A. Dans un angle de la cheminée

B. Dans le lit

C. Sur une chaise

D. Sur une paillasse posée devant le feu

107. **Chère Adhérente, Nous vous communiquons le montant de la cotisation de votre contrat complémentaire d'assurance automobile qui s'élève à 10,95€/mois pour les 12 prochains mois.
Pour ne pas voir vos garanties s'interrompre, il vous suffit de joindre à votre règlement le coupon détachable ci-contre.
(Courrier administratif)**

    Que se passera-t-il si je ne paye pas ?

    A. Je devrais payer une forte amende

    B. La Police viendra m'arrêter

    C. Ma voiture sera saisie

    D. Je ne serai plus assuré en cas de problème avec ma voiture

108. **Chère Adhérente, Nous vous communiquons le montant de la cotisation de votre contrat complémentaire d'assurance automobile qui s'élève à 10,95€/mois pour les 12 prochains mois.
Pour ne pas voir vos garanties s'interrompre, il vous suffit de joindre à votre règlement le coupon détachable ci-contre.
(Courrier administratif)**

    Pour combien de temps suis-je engagée ?

    A. Trois mois

    B. Un mois

    C. Un an

    D. Une décennie

109. **De même que, dans son demi-sommeil, il avait presque toujours deux couches de pensées, l'une tenant davantage du rêve et l'autre de la réalité, il parvenait maintenant, à son insu, à superposer deux ordres de préoccupations.
Son regard ne quittait pas le FRANÇOISE et il manœuvrait son navire avec un sang-froid absolu. Pourtant un problème continuait à s'agiter dans une autre région de son esprit.
Georges Simenon, Les Pitard, 2004**

    Qu'est-ce que le FRANÇOISE ?

    A. Un homme

    B. Sa femme

    C. Son bateau

    D. Son nom de famille

110. Je ne supporte plus Hitler.
Non seulement je le hais, comme avant, pour sa politique criminelle, pour ce qu'il est devenu, un barbare messianique persuadé d'avoir toujours raison, mais désormais je le hais aussi pour la vie qu'il m'impose depuis des mois.
J'ai hâte de le faire mourir.
Je dédierai ce livre au premier homme qui a voulu l'abattre, Georg Elser, cet Allemand simple et sans prétention qui avait compris avant tout le monde que le Führer emmenait le monde à sa perte.
Oui, je dédierai mon livre à ce « terroriste ».
Savoureux paradoxe : je rédige quatre cents pages pour faire revivre un homme et je dédie le livre à son assassin.
Eric-Emmanuel Schmitt, La part de l'autre, 2001

Qui l'auteur souhaite-t-il ressusciter dans son récit ?

A. Georg Elser

B. Adolf Hitler

C. Le messie

D. Un barbare

111. Je ne supporte plus Hitler.
Non seulement je le hais, comme avant, pour sa politique criminelle, pour ce qu'il est devenu, un barbare messianique persuadé d'avoir toujours raison, mais désormais je le hais aussi pour la vie qu'il m'impose depuis des mois.
J'ai hâte de le faire mourir.
Je dédierai ce livre au premier homme qui a voulu l'abattre, Georg Elser, cet Allemand simple et sans prétention qui avait compris avant tout le monde que le Führer emmenait le monde à sa perte.
Oui, je dédierai mon livre à ce « terroriste ».
Savoureux paradoxe : je rédige quatre cents pages pour faire revivre un homme et je dédie le livre à son assassin.
Eric-Emmanuel Schmitt, La part de l'autre, 2001

À qui l'auteur envisage-t-il de dédier son ouvrage ?

A. Georg Elser

B. Adolf Hitler

C. Le messie

D. Un barbare

112. Du côté de la porte Saint Martin vint le bruit d'un choc énorme, et le sol trembla. Puis d'autres se firent entendre, un peu partout dans la nuit. Et des cris leur succédaient, gagnaient le long des rues.
L'épouvante succédait à l'angoisse. Toute la ville, dans la nuit criait sa peur.
- Les avions qui tombent !
- On nous bombarde !
(...)
Leurs moteurs arrêtés comme ceux des voitures, les milliers d'avions qui survolaient Paris étaient en train de regagner le sol par la voie la plus courte. (...) Ils tombaient sur la ville comme des pierres.
La foule fuyait dans tous les sens, la panique au ventre ; le sol tremblait, des maisons s'écroulaient.
René Barjavel, Ravage, 1942

Pourquoi entend-on des cris dans la nuit ?

A. Il y a un tremblement de terre

B. Paris est bombardé

C. Les moteurs des avions sont en panne et ils tombent sur la ville

D. Des météorites tombent du ciel

113. Du côté de la porte Saint Martin vint le bruit d'un choc énorme, et le sol trembla. Puis d'autres se firent entendre, un peu partout dans la nuit. Et des cris leur succédaient, gagnaient le long des rues.
L'épouvante succédait à l'angoisse. Toute la ville, dans la nuit criait sa peur.
- Les avions qui tombent !
- On nous bombarde !
(...)
Leurs moteurs arrêtés comme ceux des voitures, les milliers d'avions qui survolaient Paris étaient en train de regagner le sol par la voie la plus courte. (...) Ils tombaient sur la ville comme des pierres.
La foule fuyait dans tous les sens, la panique au ventre ; le sol tremblait, des maisons s'écroulaient.
René Barjavel, Ravage, 1942

Combien d'avions tombent sur la ville ?

A. Un seul, sur la porte saint Martin

B. Plusieurs centaines

C. Plusieurs dizaines

D. Plusieurs milliers

114. Je ferme les yeux pour ne pas voir son faciès grotesque que l'émotion enlaidit encore. Je sens son corps difforme contre le mien. Je me force à appuyer ma joue contre sa joue. Nous allons nous embrasser comme deux amants, quand elle a un sursaut instinctif et me repousse avec violence.
Alors je reste interdit, ne sachant quelle contenance prendre, elle enfouit son museau dans ses longues pattes velues, et cette hideuse guenon me déclare avec désespoir, en éclatant en sanglots.
«Mon chéri, c'est impossible. C'est dommage, mais je ne peux pas, je ne peux pas. Tu es vraiment trop affreux !»
Pierre Boulle, La Planète des Singes, 1963

Qui est sur le point de s'embrasser ?

A. Deux singes

B. Un homme et une guenon

C. Un singe et une femme

D. Deux amants

115. Je ferme les yeux pour ne pas voir son faciès grotesque que l'émotion enlaidit encore. Je sens son corps difforme contre le mien. Je me force à appuyer ma joue contre sa joue. Nous allons nous embrasser comme deux amants, quand elle a un sursaut instinctif et me repousse avec violence.
Alors je reste interdit, ne sachant quelle contenance prendre, elle enfouit son museau dans ses longues pattes velues, et cette hideuse guenon me déclare avec désespoir, en éclatant en sanglots.
«Mon chéri, c'est impossible. C'est dommage, mais je ne peux pas, je ne peux pas. Tu es vraiment trop affreux !»
Pierre Boulle, La Planète des Singes, 1963

Quelle est la réaction du narrateur ?

A. Il repousse la repousse

B. Il s'enfuit

C. Il est très surpris

D. Il est en colère

116. Il vécut à Paris en l'an 1313 un homme sans famille qui allait du nom d'Andreas Saint-Loup, mais que d'aucuns appelaient l'Apothicaire et, quand on le désignait ainsi, nul n'ignorait qu'il s'agissait de celui-là bien qu'il y eût de nombreux autres hommes exerçant la profession dans la capitale, car il était à la fois le plus illustre et le plus mystérieux des préparateurs de potions, onguents, drogues et remèdes que l'on pût trouver dans la ville et peut-être même dans le pays tout entier.
Henri Loevenbruck, L'Apothicaire, 2011

Que prépare l'Apothicaire ?

A. Des petits plats

B. Des médicaments

C. Des soins anti-rides

D. Du café

117. Il vécut à Paris en l'an 1313 un homme sans famille qui allait du nom d'Andreas Saint-Loup, mais que d'aucuns appelaient l'Apothicaire et, quand on le désignait ainsi, nul n'ignorait qu'il s'agissait de celui-là bien qu'il y eût de nombreux autres hommes exerçant la profession dans la capitale, car il était à la fois le plus illustre et le plus mystérieux des préparateurs de potions, onguents, drogues et remèdes que l'on pût trouver dans la ville et peut-être même dans le pays tout entier.
Henri Loevenbruck, L'Apothicaire, 2011

Combien d'Apothicaires exercent à Paris au XIVème siècle ?

A. Un seul, celui-ci

B. Ils sont nombreux, mais le texte ne le précise pas

C. Une centaine

D. Douze

118. Puis, quand le jour commença de baisser, les hommes allèrent se laver aux citernes et, plus bruyants que le matin, commentant leurs exploits ou leurs défaites, ils regagnèrent le réfectoire pour manger et boire encore. Qui n'était pas ivre le soir de la Saint-Pierre-ès-Liens méritait le mépris de ses compagnons ! Le prisonnier les entendait se ruer au vin. L'ombre descendait sur la cour, l'ombre bleue des soirs d'été, et l'odeur de vase, venant des douves et du fleuve, se faisait plus pénétrante.
Maurice Druon, Les Rois Maudits : Tome V, La Louve de France, 1955

Qu'est-il impératif de faire le soir de la Saint-Pierre-ès-Liens ?

A. S'enivrer

B. Se vanter de ses prouesses

C. Se laver

D. Parler fort

119. Puis, quand le jour commença de baisser, les hommes allèrent se laver aux citernes et, plus bruyants que le matin, commentant leurs exploits ou leurs défaites, ils regagnèrent le réfectoire pour manger et boire encore. Qui n'était pas ivre le soir de la Saint-Pierre-ès-Liens méritait le mépris de ses compagnons ! Le prisonnier les entendait se ruer au vin. L'ombre descendait sur la cour, l'ombre bleue des soirs d'été, et l'odeur de vase, venant des douves et du fleuve, se faisait plus pénétrante.
Maurice Druon, Les Rois Maudits : Tome V, La Louve de France, 1955

À quel moment les hommes font-ils leur toilette ?

A. Le matin

B. Le midi

C. L'après-midi

D. Le soir

120. - Votre affaire n'est pas mauvaise, dit Athos [...], et l'on pourra tirer de ce brave homme cinquante à soixante pistoles. Maintenant, reste à savoir si cinquante à soixante pistoles valent la peine de risquer quatre têtes.
- Mais faites attention, s'écria d'Artagnan, qu'il y a une femme dans cette affaire, une femme enlevée, une femme qu'on menace sans doute, qu'on torture peut-être, et tout cela parce qu'elle est fidèle à sa maîtresse !
- Prenez garde, d'Artagnan, prenez garde, dit Aramis, vous vous échauffez un peu trop, à mon avis, sur le sort de madame Bonacieux. La femme a été créée pour notre perte, et c'est d'elle que nous viennent toutes nos misères.
Athos, à cette sentence d'Aramis, fronça le sourcil et se mordit les lèvres.
Alexandre Dumas, Les Trois mousquetaires, 1845

D'où viennent toutes les misères des hommes ?

A. De la guerre

B. De l'argent

C. De l'orgueil

D. Des femmes

121. - Votre affaire n'est pas mauvaise, dit Athos [...], et l'on pourra tirer de ce brave homme cinquante à soixante pistoles. Maintenant, reste à savoir si cinquante à soixante pistoles valent la peine de risquer quatre têtes.
- Mais faites attention, s'écria d'Artagnan, qu'il y a une femme dans cette affaire, une femme enlevée, une femme qu'on menace sans doute, qu'on torture peut-être, et tout cela parce qu'elle est fidèle à sa maîtresse !
- Prenez garde, d'Artagnan, prenez garde, dit Aramis, vous vous échauffez un peu trop, à mon avis, sur le sort de madame Bonacieux. La femme a été créée pour notre perte, et c'est d'elle que nous viennent toutes nos misères.
Athos, à cette sentence d'Aramis, fronça le sourcil et se mordit les lèvres.
Alexandre Dumas, Les Trois mousquetaires, 1845

Quelle est la monnaie qui est utilisée à cette époque ?

A. Le Louis d'or

B. La sesterce

C. La pistole

D. Le dollar

FRENCH

ANSWER KEY

Question Number	Correct Answer	Your Answer	Question Number	Correct Answer	Your Answer	Question Number	Correct Answer	Your Answer
1	A		41	D		81	A	
2	C		42	C		82	C	
3	C		43	A		83	D	
4	A		44	B		84	B	
5	B		45	A		85	A	
6	C		46	C		86	A	
7	C		47	C		87	C	
8	B		48	B		88	C	
9	A		49	A		89	B	
10	D		50	B		90	D	
11	A		51	C		91	D	
12	A		52	D		92	D	
13	C		53	A		93	B	
14	B		54	C		94	A	
15	D		55	B		95	C	
16	C		56	C		96	C	
17	A		57	D		97	B	
18	B		58	A		98	C	
19	C		59	C		99	B	
20	B		60	B		100	D	
21	D		61	A		101	C	
22	C		62	A		102	D	
23	D		63	B		103	D	
24	A		64	A		104	D	
25	C		65	A		105	B	
26	B		66	D		106	A	
27	A		67	C		107	D	
28	D		68	A		108	C	
29	C		69	B		109	C	
30	B		70	C		110	B	
31	B		71	D		111	A	
32	D		72	C		112	B	
33	C		73	A		113	D	
34	A		74	B		114	B	
35	B		75	C		115	C	
36	C		76	A		116	B	
37	B		77	B		117	B	
38	C		78	C		118	A	
39	A		79	D		119	D	
40	B		80	B		120	D	
						121	C.	

FRENCH

RATIONALES

Section I- Listening: Rejoinders
Listening comprehension: choosing the best responses to short spoken prompts

> **Directions for Section I:** You will hear short conversations or part of conversations. You will then hear four responses, designated A, B, C and D. After you hear the four responses, choose the lettered response that lost logically continues or completed the conversation. You will have 10 seconds to choose your response before the next conversation begins. When you are ready to continue, click on the Dismiss Directions icon.

1. *(Personne A)* **Où sont tes enfants? Ça fait longtemps que je ne les ai pas vus.**
   (personne B)

   A. Mes enfants sont partis en vacances avec leur grand-mère

   B. Les vacances passent rapidement.

   C. Est-ce que tu as pris des vacances cette année?

   D. Combien d'heures travailles-tu par jour?

The answer is A
because he/she explains that the children went on vacations with their grandmother. The question 1 asks about where are his/her children.

2. *(Personne A)* **Il fait très beau aujourd'hui, j'aimerai aller me promener dans le parc mais j'ai beaucoup de travail à finir. J'hésite si j'y vais ou pas.**
   (personne B)

   A. Est-ce que je peux t'accompagner?

   B. Je n'aime pas le soleil, je préfère la pluie.

   C. Tu peux quand même prendre une pause de cinq minutes.

   D. Je vais aller manger au parc.

The answer is C
because the suggestion is to take a 5 min break and go for a walk. The question 2 asks about whether to go for a walk in the park or not knowing that he/she has a lot of work to do.

FRENCH

3. *(Personne A)* **J'ai perdu mon chat, je ne l'ai pas vu depuis ce matin. Je ne sais pas quoi faire.**
   (personne B)

   A. Mes voisins ont un chat aussi.

   B. J'ai des allergies aux chats.

   C. Est-ce que tu as demandé à tes voisins s'ils l'ont vu?

   D. J'avais un chat lorsque j'étais enfant.

The answer is C
because it suggests asking the neighbours whether they saw the cat. The question 3 asks about what to do as he/she realizes that he/she lost his/her cat.

4. *(Personne A)* **As-tu un guide touristique de Paris? Je vais passer mes vacances d'été à Paris.**
   (personne B)

   A. Ma sœur en a un, je peux lui demander si elle peut te le prêter.

   B. J'ai visité Paris l'année dernière.

   C. Il pleut beaucoup à Paris.

   D. Je ne parle pas français.

The answer is A
because his/her sister has a tourist guide for Paris and he/she will ask him/her whether they can borrow it. The question 4 asks whether they have a tourist guide for Paris.

5. *(Personne A)* **Je pense que j'ai de la fièvre. Peux-tu me chercher un thermomètre?**
   (personne B)

   A. J'étais malade la semaine dernière, heureusement j'avais un thermomètre chez moi.

   B. Oui bien sûr, je vais te le chercher tout de suite.

   C. Il fait très froid dehors. Le thermomètre montre qu'il fait zéro degré

   D. Il faut faire attention lorsque les enfants ont de la fièvre.

The answer is B
because the person asked agreed to bring the thermometer. The question 5 asks whether he/she can bring him/her a thermometer because he/she feels he/she has a fever.

FRENCH

6. *(Personne A)* **Ce film a été très long, je ne l'ai pas du tout aimé. Est-ce que tu l'as aimé?**
   (personne B)

   A. Je n'aime pas les chansons longues.

   B. Pourquoi n'as-tu pas dit à ton frère de venir avec nous?

   C. Au contraire, c'était un très bon film, je l'ai bien aimé.

   D. Demain je vais au cinéma avec mes enfants.

The answer is C
because the person asked confirmed that he/she liked it. The question 6 asks whether he/she liked the film.

7. *(Personne A)* **Mon fruit préféré est l'ananas. Et toi?**
   (personne B)

   A. Il n'y a plus de fraises au marché.

   B. J'ai des allergies aux ananas.

   C. Moi je préfère les oranges.

   D. Mes enfants adorent les ananas.

The answer is C
because the person asked said that he/she prefers oranges. The question 7 asks about what is his/her favourite fruit.

FRENCH

8. **(Personne A) Il fait très sombre au parc pendant la soirée, j'ai peur d'y aller tout seul. Est-ce que tu peux venir avec moi?**
   (personne B)

   A. Les voleurs se cachent au parc tous les soirs.

   B. Je peux t'accompagner si tu veux.

   C. J'ai laissé mon livre au parc, je dois aller le chercher

   D. Il n'y a personne au parc.

The answer is B
because the person asked confirmed that he/she can come with him/her. The question 8 asks about whether he/she can come with him/her to the park because he/she is scared to go alone in the dark.

9. **(Personne A) Mes enfants aiment que je leur raconte une histoire avant de dormir. Tes enfants aussi?**
   (personne B)

   A. Mes enfants aiment aussi les histoires.

   B. Les livres pour enfants sont chers dans cette librairie.

   C. Ma fille aime colorier.

   D. Je m'endors souvent avant mes enfants lorsque je leur raconte des histoires.

The answer is A
because the person asked confirmed that his/her kids like stories as well. The question 9 asks about whether their kids like to listen to stories before going to bed.

FRENCH

10. *(Personne A)* Je dois acheter un cadeau à ma mère pour son anniversaire. As-tu des idées?
    (personne B)

    A. J'ai acheté une montre à ma mère.

    B. Je n'aime pas acheter des cadeaux.

    C. J'ai reçu un bon cadeau hier.

    D. Tu peux peut être lui demander ce dont elle a besoin.

The answer is D
because the person asked suggests asking her about what she needs. The question 10 asks about ideas for a gift for his/her mother.

11. *(Personne A)* J'attends le printemps impatiemment pour commencer à planter des fleurs au jardin. As-tu un jardin?
    (personne B)

    A. Malheureusement non, j'aurai bien aimé faire aussi du jardinage.

    B. Je ne savais pas que tu faisais du jardinage.

    C. L'été me manque.

    D. Il a plu beaucoup cet hiver.

The answer is A
because the person asked confirms that he/she doesn't have a garden but likes gardening. The question 11 asks whether they have a garden.

12. *(Personne A)* Comment ça se fait que tu connais cette chanson par cœur?
    (personne B)

    A. Ma mère me l'avait chantée souvent depuis que j'avais cinq ans.

    B. Mon enfant aime cette chanson aussi.

    C. J'aime chanter.

    D. Je joue du piano souvent.

The answer is A
because his/her mother used to sing it for him/her since he/she was 5 years old. The question 12 asks about why he/she knows this song by heart.

FRENCH

13. *(Personne A)* Tu n'as pas bien mangé aujourd'hui. Es-tu malade?
    (personne B)

    A. Il ne fait pas beau aujourd'hui.

    B. Je n'ai pas bien dormi toute la nuit, mon fils est malade.

    C. Oui je ne me sens pas bien depuis ce matin.

    D. On peut aller manger ensemble demain.

The answer is C
because he/she confirms that he/she is not feeling well since this morning. The question 13 asks whether he/she is sick because he/she didn't eat well.

14. *(Personne A)* As-tu vu mon livre d'histoire? Je dois étudier pour l'examen de demain.
    (personne B)

    A. Je n'aime pas le cours d'histoire.

    B. Peut-être tu l'as oublié à l'école.

    C. L'histoire de mon pays est très sanglante.

    D. L'examen d'histoire dure deux heures consécutives.

The answer is B
because he/she wonders if he/she forgot it at school. The question 14 asks whether he/she saw his/her history book because he/she has to study for the exam.

15. *(Personne A)* Est-ce que le concert a déjà commencé? Je viens d'arriver.
    (personne B)

    A. Je ne vais pouvoir aller au concert avec vous.

    B. J'ai des billets supplémentaires pour le concert de ce soir si tu veux amener des amis avec toi.

    C. Cet artiste arrive toujours en retard.

    D. Ça vient juste de commencer, tu es arrivé juste à temps.

The answer is D
because he/she confirms that the concert just started and that he arrived on time. The question 15 asks whether the concert started already as he/she just arrived.

FRENCH

16. *(Personne A)* **Quelle couleur dois-je utiliser pour peindre les murs du salon?**
    (personne B)

    A. Mon fauteuil est rouge.

    B. Ça fait deux années que je n'ai pas peinturé les murs de mon salon.

    C. Je pense que le blanc ira bien avec ton fauteuil rouge.

    D. Cette peinture m'a coûté cher.

The answer is C
because he/she suggests using some white paint as the white could suit well his/her red couch. The question 16 asks about the painting colour that could suit his/her living room.

17. *(Personne A)* **Est-ce que tu peux m'apprendre à tricoter?**
    (personne B)

    A. Oui bien sûr. Quand est-ce que tu as du temps libre?

    B. Ma grand-mère me tricotait tous mes vêtements.

    C. Je prends des cours pour apprendre à tricoter.

    D. Je veux tricoter des gants pour ma fille.

The answer is A
because he/she confirms that he/she can do it and ask him/her when will he/she have some free time. The question 17 asks whether he/she can teach him/her how to knit

FRENCH

18. *(Personne A)* **Sais-tu s'il y a une pharmacie dans ce quartier?**
(personne B)

    A. J'ai mal à la tête.

    B. Je n'ai aucune idée, il faut demander aux voisins, ils connaissent le quartier mieux que moi.

    C. Certains médicaments sont toxiques.

    D. La pharmacie ferme à 20h.

The answer is B
because he/she suggests asking the neighbours as they know the neighbourhood better than him/her. The question 18 asks whether he/she knows if there is a pharmacy in this neighbourhood.

There are no rationales for questions 19-121 because the answer choices are self-explanatory.

GERMAN

Description of the Examination

The German Language examination is designed to measure knowledge and ability equivalent to that of students who have completed two to four semesters of college German language study. It focuses on skills typically achieved from the end of the first year through the second year of college study; material taught during both years is incorporated into a single examination. The examination is administered in three separately timed sections:

- Sections I and II: Listening
- Section III: Reading

The examination contains approximately 120 questions to be answered in 90 minutes. The three sections are weighted so that each question contributes equally to the total score. Any time candidates spend on tutorials or providing personal information is in addition to the actual testing time. Most colleges that award credit for the German Language examination award either two or four semesters of credit, depending on the candidate's score on the exam.

Knowledge and Skills Required

Questions on the German Language examination require candidates to demonstrate the abilities listed in each section below. The percentages indicate the approximate percentage of exam questions focused on each ability.

40% **Sections I and II: Listening**
- 15% Rejoinders
  - Ability to understand spoken language through short stimuli or everyday situations
- 25% Dialogues and Narratives
  - Ability to understand the language as spoken by native speakers in longer dialogues and narratives

60% **Section III: Reading**
- 16% Part A: Discrete sentences: Mastery of vocabulary and structure in the context of sentences
- 20% Part B: Short cloze passages: Mastery of vocabulary and structure in the context of paragraphs
- 24% Part C: Reading comprehension: Ability to read and understand texts representative of various styles and levels of difficulty (e.g., passages of about 200 words; shorter pieces such as advertisements, signs, etc.)

GERMAN

SECTION I

Listening: Rejoinders

> **Directions:** You will hear short conversations or parts of conversations. You will then hear four responses, designated (A), (B), (C), and (D). After you hear the four responses, select the response that most logically continues or completes the conversation. Write your answer choice on your answer sheet. Neither the answer choices nor the conversations will be printed in your test booklet, so you must listen very carefully. You will have 10 seconds to choose your response before the next conversation begins.

1. **Man A:** Nächste Woche werden meine Eltern nach Spanien fliegen, weil sie dort Urlaub machen möchten.

    Woman: Was tun die Eltern nächste Woche?

    Man B: A. Sie werden zum Flughafen fahren.
    B. Sie reisen nach Italien.
    C. Sie werden sehr fleißig arbeiten.
    D. Sie werden zu Hause bleiben.

2. **Woman A:** Kennst Du den Film „Lola Rennt"? Den fand ich ganz toll! Du solltest ihn auch mal sehen.

    Man: Was passiert hier?

    Woman B: A. Die Frau erzält von einem Film, den sie schrecklich fand.
    B. Die Frau empfiehlt einen Film, der ihr gut gefallen hat.
    C. Die Frau hat den Film schon dreimal gesehen.
    D. Die Frau freut sich darauf, einen ihr unbekannten Film zu sehen.

3. **Man A:** Vorgestern bin ich in die Stadt gefahren und habe Milch, Apfelsaft, Brot, Eier und Käse gekauft.

    Woman: Was ist passiert vorgestern?

    Man B: A. Der Mann ist im Supermakt einkaufen gegangen.
    B. Der Mann ist in der Polizeistation einkaufen gegangen.
    C. Der Mann ist bei der Post einkaufen gegangen.
    D. Der Mann ist in der Bibliothek einkaufen gegangen.

GERMAN

4.   **Woman A:** Wollen wir am Samstag oder Sonntag wandern gehen?

Woman B: Was für eine tolle Idee! Wenn es nicht regnet, gehen wir bestimmt.

Man A: Was beschließen die zwei Frauen?

Man B:
  A. So lange das Wetter gut sein wird, werden sie auf eine einwöchige Wanderung gehen.
  B. Wenn es regnet, gehen sie am Wochenende wandern.
  C. Am Samstag oder Sonntag wird das Wetter schlecht sein.
  D. So lange das Wetter gut sein wird, werden sie am Wochenende Wandern gehen.

5.   **Man A:** Wenn ich in die Kneipe gehe, trinke ich am liebsten Bier. Du auch, oder?

Man B: Nein, eigentlich nicht. Mir gefällt am besten Rotwein.

Woman A: Worüber sprechen die zwei Männer?

Woman B:
  A. Wo sie zur Zeit etwas Alkohol trinken wollen
  B. Über Getränke, die ihnen am wenigsten gefallen
  C. Ihren gemeinsamen Geschmack in Alkohol
  D. Ihren unterschiedlichen Geschmack in Alkohol

6.   **Woman A:** Michael, hast Du Julia schon angerufen und zum Abendessen eingeladen?

Man A: Nein, ich wollte sie beim Arbeiten nicht stören. Ich werde sie etwas später anrufen.

Woman B: Was tut Michael?

Man B:
  A. Er wird Julia in ein paar Stunden anrufen.
  B. Er wird Julia sofort anrufen.
  C. Er wird Julia nicht anrufen.
  D. Er hat Julia schon angerufen.

7.   **Man A:** Wie wollen wir dorthin? Zu Fuß oder mit einem Taxi?

Woman A: Eine Taxifahrt wäre viel zu teuer.

Woman B: Was wurde hier beschlossen?

Man B:
  A. Dorthin fahren sie nicht mit einem Taxi.
  B. Dorthin fahren sie überhaupt nicht.
  C. Dorthin fahren sie nicht mit dem Bus.
  D. Dorthin fahren sie doch lieber mit einem Taxi.

GERMAN

8. **Man A:** Meine Schwester studiert Rechtswissenschaft an der Universität.

   Woman: Was möchte sie danach wohl werden?

   Man B: A. Automechanikerin
   B. Tierärztin
   C. Rechtsanwältin
   D. Physikerin

9. **Woman A:** Seit drei Jahren isst Elke kein Fleisch mehr.

   Man: Was bedeutet das?

   Woman B: A. Seit drei Jahren isst sie Fleisch besonders gern.
   B. Sie trinkt auch keine Milch mehr.
   C. Seit drei Jahren isst sie nur Obst.
   D. Sie ist Vegetarierin geworden.

10. **Man A:** Ich habe Lust auf ein Eis, also werde ich mir bald eins holen.

   Woman: Welches Geschmack isst Du am Liebsten?

   Man A: A. Blau
   B. Schokolade
   C. Rot
   D. Heiß

11. **Man A:** Entschuldigen Sie mich bitte. Bin ich hier richtig? Ich suche das Büro des Geschäftleiters.
   Woman A: Wenn Sie den Chef besprechen möchten, müssen Sie die Treppen noch ein Stock nach oben hinaufgehen.

   Woman B: Worüber reden die zwei Menschen?

   Man B: A. Ob der Chef in seinem Büro ist
   B. Ob der Chef nun zu verfügung steht
   C. Wo das Büro des Chefs sich befindet
   D. Wo die Treppen nach oben sich befinden

12. Man A: Enschuldigung, ich brauche ein Einzelzimmer für vier Nächte.

Woman A: Es tut mir Leid. Leider haben wir zur Zeit nur noch einige Doppelzimmer frei.

Woman B: Wo findet dieses Gespräch statt?

Man B:
A. Im Schlosspark
B. In der Kirche
C. Im Hotel
D. Im Krankenhaus

13. Man A: Hier riecht's nach Knoblauch und Zwiebel. Was kocht ihr?

Woman A: Etwas Leckeres!

Man B: Wo befindet dieses Gespräch statt?

Woman B:
A. Im Keller
B. Im Schlafzimmer
C. In der Küche
D. Im Badezimmer

14. Man A: Wir werden unsere Sommerferien in Griechenland verbringen. Während unserer Abwesenheit werden unsere Zimmerpflanzen wohl Wasser brauchen.

Woman A: Ich verstehe.

Man B: Was versteht die Frau?

Woman B:
A. Sie soll den Garten pflegen.
B. Sie soll den Zimmerpflanzen gießen.
C. Sie soll den Zimmerpflanzen töten.
D. Sie soll den Zimmerpflanzen verkaufen.

15. Man A: Heute bin ich echt müde, weil ich gerade eine ganz schön unbequeme Nacht auf dem Boden verbracht habe.

Woman A: Warum das denn? Ist dein Bett kaputt? Oder hast du vielleicht gar kein Bett?

Woman B: Wohin muss der Mann gehen, wenn er ein neues Bett kaufen möchte?

Man B:
A. Ein Möbelgeschäft
B. Ein Rathaus
C. Eine Bierstube
D. Ein Teeladen

GERMAN

16.   **Woman A:**   Trotz des schlechten Wetters bin ich draußen spazierengegangen.

        Man A: Das kann ich ja sehen. Im Regen sind Deine Füße sehr nass geworden, aber Dein Kopf und Deine Schultern sind ganz trocken geblieben.

        Woman B: Warum ist wahrscheinlich die Frau nur teilweise nass geworden?

        Man B: A. Sie hat gute Gummistiefel getragen.
                      B. Sie hat warme Handschuhe getragen.
                      C. Sie hat einen schönen Rock getragen.
                      D. Sie hat einen Regenschirm benutzt.

17.   **Man A:**   Du siehst sehr traurig aus, Angela. Was ist denn los?

        Woman A: Etwas Furchtbares! Ich habe gerade gelernt, dass mein Freund mich mehrmals angelogen hat.

        Man B: Was verursacht Angelas Unglück?

        Woman B: A. Die schlechte Laune ihres Freundes
                      B. Die Wahrheiten ihres Freundes
                      C. Die Lügen ihres Freundes
                      D. Die Augenfarbe ihres Freundes

18.   **Woman A:**   Warum bewegst Du dich in solch einer seltsamer Weise? Hast Du Schmern?
        Man A: Ja, gestern bin ich mit einem allzu schweren Rucksack überall auf dem Campus herumgelaufen.

        Woman B: Was ist wohl mit dem Mann los?

        Man B: A. Seine Ohren tun ihm Weh
                      B. Seine Schultern tun ihm Weh
                      C. Er hat Zahnschmerzen
                      D. Er hat Bauchschmerzen

GERMAN

SECTION II

Listening: Dialogues and Narratives

Directions: You will hear a series of dialogues, news reports, narratives, and announcements. Listen carefully, because each selection will be stated only once. One or more questions with four possible answers are printed in your test booklet. They will not be stated. After each selection has been read, choose the best answer choice for each question and fill in the corresponding oval in your answer sheet. You will be given 12 seconds to answer each question.

Narrator:

Man A: Na, Kumpel!
Man B: Mensch! Wie geht's?
Man A: Gar nich schlecht. Und dir? Wie geht's dir?
Man B: Auch prima!
Man A: Du klingst ja begeistert!
Man B: Das bin ich auch!
Man A: Toll! Warum denn?
Man B: Morgen früh werde ich mein neues Auto abholen!

19. Wer spricht hier?

    A. Vater und Sohn

    B. Zwei Freunde

    C. Zwei Kinder

    D. Lehrer und Schüler

20. Wie sprechen die zwei Männer mit einander?

    A. Böshaft

    B. Ärgerlich

    C. Lebhaft

    D. Ruhig

21. Worüber reden sie?

    A. Das Wetter

    B. Eine Gemeinsame Autofahrt

    C. Einen Autounfall

    D. Ihren jetzigen Zustand

GERMAN

Narrator: *You will hear a conversation between two friends.*

Woman A: Hallo, Claudia! Was machst du denn hier?
Woman B: Grüß dich, Brigitte! Ich bin auf der Suche nach einem Geschenk für meinen Bruder, weil er bald Geburtstag hat.
Woman A: Cool. Hast du es eilig?
Woman B: Nein, überhaubt nicht. Warum? Ist etwas los?
Woman A: Nein, nein, alles ist in Ordnung.
Woman B: Was gibt's denn?
Woman A: Nichts Wichtiges, ich wollte dich zum Kaffeetrinken einladen, wenn du dafür Zeit hättest.
Woman B: Das wäre ja super!
Woman A: Toll! Nachher könnte ich dir beim weiteren Einkaufen helfen.
Woman B: Darüber wurde ich mich freuen!

22. Wo findet dieses Gespräch statt?

    A. Im Kaufhaus

    B. Im Waschsalon

    C. In einer Vorlesung

    D. Beim Zahnartz

23. Was braucht Claudia?

    A. Ein Geburstagsgeschenk für ihren Bruder

    B. Ein Geburtstagsgeschenk für ihre Tochter

    C. Ein Weihnachtsgeschenk für ihre Tochter

    D. Ein Weihnachtsgeschenk für ihren Bruder

24. Was haben die zwei Frauen vor?

    A. Kaffee trinken gehen und sofort nach Hause fahren

    B. Bier trinken gehen und sofort nach Hause fahren

    C. Kaffee trinken gehen und danach zusammen einkaufen gehen

    D. Bier trinken gehen und danach zusammen einkaufen gehen

GERMAN

Narrator: *Listen to the following conversation.*

Woman: Bei Fischer.
Man: Guten Tag. Hier spricht Stefan Schultz von Berthas Buchhandlung. Ich möchte mit Ulrike Fischer bitte sprechen.
Woman: Am Apparat.
Man: Frau Fischer, guten Tag. Vor etwa zwei Wochen haben Sie sich bei uns um eine Stelle beworben.
Woman: Ja, das habe ich getan. Letzte Woche habe ich auch versucht, Sie telefonisch zu erreichen. Sie waren aber nicht verfügbar.
Man: Ja, das war ich leider nicht. Ich war auf einer Geschäftsreise und bin erst vor zwei Tagen wieder im Büro.
Woman: Ich verstehe. Ist die Stelle noch frei?
Man: Ja, das ist sie. Deswegen habe ich sie angerufen. Wenn Sie sich noch für die Stelle interessieren, möchte ich Sie zu einem Bewerbungsgespräch einladen.
Woman: Ja, ich interessiere mich immer noch sehr für die Stelle. Sagen Sie mir nur bitte, wo und wann das Bewerbungsgespräch stattfinden wird.

25. **Wo findet dieses Gespräch statt?**

    A. In der Kneipe

    B. In der Mensa

    C. Im Büro

    D. Am Telefon

26. **Was hat Ulriche Fischer vor zwei Wochen getan?**

    A. Einen Bekannter besucht

    B. Eine Buchhandlung eröffnet

    C. Sich um einen Job beworben

    D. Ihren Job verlassen

27. **Wer ist Stefan Schultz?**

    A. Bibliothekar

    B. Geschäftsleiter

    C. Feuerwehrmann

    D. Schlittschuhläufer

28. **Warum wollte Stefan Schultz mit Ulriche Fischer sprechen?**

    A. Er wollte sie zu einer Besichtigung einladen.

    B. Er wollte sie zum Mittagessen einladen.

    C. Er wollte sie zu einem Vorstellungsgespräch einladen.

    D. Er wollte sie zu einer Geburtstagsfeier einladen.

29. **Wie hat Ulrike Fischer auf die Einladung reagiert?**

    A. Sie hat sich geärgert.

    B. Sie hat sich gefreuet.

    C. Sie hat geweint.

    D. Sie fing an zu schimpfen.

GERMAN

Narrator: *Listen to the following radio report.*

Auf der A51 in Krefeld sind am Mittwochabend zwei Menschen verletzt worden. Nach Polizeiangaben hatte eine 35-jaerige Autofahrerin aus Aachen ein Stauende auf der A51 in Krefeld zu spät erkannt. Die Frau, die in Richtung Duisburg unterwegs war, prallte mit ihrem Auto auf das letzte Auto im Stau. Durch den Aufprall wurden drei vor ihr stehende Autos ineinander geschoben.

30. **Worum geht es in diesem Rundfunkbericht?**

    A. Um Fahrtrichtungen

    B. Um eine Fahrkarte

    C. Um eine Autoreparatur

    D. Um einen Autounfall

31. **Wann geschieht dieses Ereignis?**

    A. Am Sonntag

    B. Am Montag

    C. Am Dienstag

    D. Am Mittwoch

32. **Wo geschieht dieses Ereignis?**

    A. In Krefeld

    B. In Duisburg

    C. In Aachen

    D. In Bremen

33. **Wieso geschieht dieses Ereignis?**

    A. Wegen Stau

    B. Wegen Gewitter

    C. Wegen Schnee

    D. Wegen Glatteis

GERMAN

Narrator: *Listen to the following radio report.*

Am Montag ist es im Nordosten freundlich. Am Vormittag fällt im Nordwesten erst Regen, später scheint auch dort zeitweise die Sonne. Im Süden ist es sehr windig. 8 bis 19 Grad.

Am Dienstag im Südwesten anfangs noch sehr windig, aber meist trocken. Später gibt es eine freundliche Mischung aus Sonne und Wolken. Höchstwerte von 12 Grad im Norden und sehr milde 20 Grad im Südosten.

34. **Worum geht es in diesem Rundfunkbericht?**

    A. Um die Börse

    B. Um eine Reise

    C. Um das Wetter

    D. Um eine Landkarte

35. **Was passiert am Montag?**

    A. Es regnet, die Sonne scheint, und der Wind weht.

    B. Es schneit und wurde sehr kalt.

    C. Die Temperatur steigt bis 30 Grad.

    D. Den ganzen Tag scheint die Sonne.

36. **Was passiert am Dienstag?**

    A. Den ganzen Tag regnet es.

    B. Die Temperatur fällt bis -5 Grad.

    C. Es schneit und wurde sehr kalt.

    D. Das Wetter ist teilweise freundlich.

GERMAN

Narrator: *Listen to the following conversation.*

Man: Mein Sohn ist heute erkältet.
Woman: Schade! Was ist mit ihm los?
Man: Er hat Fieber und hustet ziemlich viel.
Woman: Nimmst du ihn zum Hausarzt?
Man: Noch nicht.
Woman: Warum nicht?
Man: Zuerst werde ich zur Apotheke hingehen.
Woman: Und danach?
Man: Wenn er bis übermorgen sich nicht besser fühlt, dann nehme ich ihn zum Hausarzt.

37. Worum geht dieses Gespräch?

    A. Die Gesundheit einer Frau

    B. Die Gesundheit eines Hundes

    C. Die Gesundheit einer Tochter

    D. Die Gesundheit eines Kindes

38. Was ist mit dem Jungen los?

    A. Er hat Bauchschmertzen.

    B. Er hat eine Erkältung.

    C. Er hat einen Zeh gebrochen.

    D. Ihm läuft die Nase.

39. Wie behandelt der Vater die Krankheit seines Sohnes?

    A. Er ruft den Artz sofort an.

    B. Er tut gar nichts.

    C. Er gerät sofort in Panik.

    D. Er geht erstmals zur Apotheke.

GERMAN

Narrator: *Listen to the following conversation.*

Man: Hallo, Silke! Wie geht's?
Woman: Hallo, Thomas! Naja, momentan geht's mir nicht so toll.
Man: Es tut mir Leid das zu hören. Was ist passiert?
Woman: Ich habe gerade eben einen Strafzettel wegen Geschwindkeitsüberschreitung gekriegt.
Man: Ach, Mensch! Pech gehabt!
Woman: Ja, ich bin 80 Stundenkilometer die Straße entlang gefahren und ein Verkehrspolizist hat mich dabei erwischt.
Man: Was war die Höchstgeschwindigkeit auf jener Straße? 50 Stundenkilometer?
Woman: Genau. Solch eine Dummheit mache ich nie wieder! Der Fehler war sowohl gefährlich als auch teuer. Jetzt kann ich es mir nicht mehr leisten, in Restaurants oder in Kneipen zu gehen.
Man: Ach, du Arme! Heute Abend gehen wir doch zusammen essen und trinken. Ich lade dich ein.

40. **Warum hat Silke einen Strafzettel bekommen?**

    A. Weil sie zu schnell gefahren ist

    B. Weil sie bei einer roten Ampel nicht angehalten hat

    C. Weil sie bei einer grünen Ampel zu lange stehengeblieben ist

    D. Weil sie zu langsam gefahren ist

41. **Wie schnell ist Silke auf der Straße gefahren?**

    A. 80 Stundenkilometer

    B. 50 Stundenkilometer

    C. 30 Stundenkilometer

    D. 18 Stundenkilometer

42. **Was war die tatsächliche Geschwindigkeitsbegrenzung auf der Straße?**

    A. 80 Stundenkilometer

    B. 50 Stundenkilometer

    C. 30 Stundenkilometer

    D. 18 Stundenkilometer

43. **Wie fühlte sich Silke wegen des Strafzettels?**

    A. Sie ist überglücklich.

    B. Sie freut sich.

    C. Ihr geht es nicht gut.

    D. Ihr geht es sehr gut.

GERMAN

44. Wie reagiert Thomas auf die Situation?

   A. Kalt

   B. Veraergert

   C. Mitfuehlend

   D. Herablassend

Narrator: *Listen to the following conversation.*

Man: Hallo, mein Schatz.
Woman: Dir auch, mein Schatz.
Man: Ich koche gerade Kaffee.
Woman: Perfekt! Da stehen unsere Kaffeetassen schon auf dem Tisch. Ich werde die Milch aus dem Kühlschrank holen.
Man: Danke. Was möchtest du zum Frühstück essen, mein Schatz?
Woman: Oh, momentan ist das mir egal, denn ich bin noch nicht völlig wach.
Man: Na, gut. Warten wir dann ein bisschen, bis du völlig wach bist und auch Hunger hast.
Woman: Ja, gut. Wir haben es doch nicht eilig, oder?
Man: Überhaupt nicht, mein Schatz.
Woman: Schön! Also, trinken wir, mein Schatz!

45. Wer spricht hier?

   A. Ein Liebespaar

   B. Zwei Kollegen

   C. Erbitterte Feinde

   D. Zwei Fremde

46. Wann findet dieses Gespräch statt?

   A. Früh in der Woche

   B. Früh am Morgen

   C. Spät am Tag

   D. Spät im Monat

47. Wo findet dieses Gespräch statt?

   A. im Badezimmer

   B. im Wäschezimmer

   C. im Schlafzimmer

   D. in der Küche

48. Was werden die zwei Leute zum Frühstück essen?

   A. Sie werden entweder Speck oder Schinken essen.

   B. Darüber haben sie noch keine Entscheidung getroffen.

   C. Sie werden weder Käse noch Kuchen essen.

   D. Sie werden Brötchen mit Marmelade essen.

GERMAN

SECTION III: PART A
Reading Part A: Discreet Sentences

Directions: The following statements are incomplete, followed by four suggested completions. Select the one that best completes the sentence.

49. Ich wohne schon _____ drei Jahren in Berlin.
    A. in
    B. seit
    C. zu
    D. vor

50. Wann gehst Du _____ Hause?
    A. zu
    B. auf
    C. gegen
    D. nach

51. Sie ist _____ fünf Jahren gestorben.
    A. seit
    B. auf
    C. vor
    D. von

52. Er hat _____ Brief an seiner Mutter geschrieben.
    A. ein
    B. keinem
    C. einen
    D. vielen

53. Heute morgen _____ wir sehr früh aufgestanden.
    A. seid
    B. sind
    C. haben
    D. habt

54. _____ lange müssen wir auf den Bus warten?
    A. Wo
    B. Wie
    C. Warum
    D. Was

55. Sie _____ einen wunderschönes Bild gemahlt.
    A. hat
    B. ist
    C. habt
    D. seid

GERMAN

56. Der Hund hat _____ Mann gebissen.

A. der

B. den

C. dem

D. des

57. Er spielt gern das Klavier, _____ es ihm Spaß macht.

A. obwohl

B. trotzdem

C. durch

D. weil

58. Ich bin den ganzen Weg hierher gelaufen, deswegen bin ich jetzt sehr _____.

A. müde

B. arm

C. schwer

D. genau

59. Es tut _____ Leid, dass ihr das Spiel verloren habt.

A. mich

B. mir

C. ich

D. mein

60. Je mehr ich es versuche desto _____ wird es.

A. schwartz

B. schmutzig

C. sinnlos

D. schwieriger

61. Warum lachst Du? Ich habe doch keinen _____ erzählt.

A. Witz

B. Bildungsroman

C. Geheimnis

D. Rätsel

62. Januar ist der erste Monat _____ Jahres.

A. des

B. das

C. welchem

D. ein

63. Morgen haben wir _____ 22. Februar.

A. der

B. das

C. den

D. dem

GERMAN

64. Ich _____ gerne Musik.

    A. sehe

    B. rieche

    C. höre

    D. taste

65. Die _____ erklärt den Schülern, wie sie die Hausaufgaben machen müssen.

    A. Lehrer

    B. Lehrerin

    C. Artzt

    D. Krankenschwester

66. Ich möchte eine Frage _____. Wieviel kostet das Buch?

    A. zeigen

    B. stellen

    C. antworten

    D. sagen

67. Wenn man weint, ist man traurig. Wenn man lächelt, ist man _____.

    A. stark

    B. schmutzig

    C. glücklich

    D. ängstlich

GERMAN

SECTION III: PART B
Reading Part B: Short Cloze Passages

Directions: In each of the following paragraphs, there are blanks indicating that words or phrases have been omitted. For each blank, choose the completion that is most appropriate, given the context of the entire paragraph.

I. Sabine ___68___ gern Sport. Im Winter ___69___ sie Ski so oft wie möglich und im Sommer ___70___ sie fast täglich schwimmen. Im Frühling und im Herbst ___71___ sie am liebsten Fußball.

68. A. treibt
    B. treiben
    C. läuft
    D. laufen

69. A. gehen
    B. geht
    C. läuft
    D. laufen

70. A. spielt
    B. geht
    C. macht
    D. läuft

71. A. geht
    B. macht
    C. läuft
    D. spielt

II. Das Jahr fängt mit ___72___ an und endet mit ___73___. März ist der dritte Monat ___74___ Jahres und Juni ist der ___75___. Der ___76___ Monat ist November und Februar ist am ___77___.

72. A. Dezember
    B. Januar
    C. Juli
    D. Oktober

73. A. Dezember
    B. Mai
    C. September
    D. Januar

74. A. der
    B. des
    C. dem
    D. dessen

75. A. neunte
    B. zweite
    C. vierte
    D. sechste

76. A. überletzte
    B. vorletzte
    C. letzte
    D. erste

77. A. ersten
    B. längsten
    C. kürzesten
    D. letzten

GERMAN

III. Neulich sind wir __78__ dem Auto nach Frankfurt am Main hingefahren. Dort __79__ wir nicht sehr lange geblieben, bevor wir nach Berlin weitergefahren sind. Von Berlin aus haben wir __80__ dann auf den Weg nach Prag __81__. Nachdem wir fünf __82__ Tage in Prag __83__ haben, sind wir dann wieder hierher zurückgefahren.

78. A. auf
    B. mit
    C. unter
    D. neben

79. A. haben
    B. will
    C. sind
    D. können

80. A. uns
    B. euch
    C. unser
    D. sich

81. A. gemacht
    B. machen
    C. machten
    D. gemachte

82. A. wunderbares
    B. wunderbar
    C. wunderbarer
    D. wunderbare

83. A. zerbracht
    B. abgebracht
    C. verbracht
    D. hingebracht

IV. Entschüldigung. Ich bin hier neu und __84__ mich in __85__ Stadt nicht gut __86__. Ich möchte Brötchen kaufen. Können Sie mir bitte sagen, wo sich die __87__ befindet? Ich suche auch eine Metzgerei, weil ich einen __88__ kaufen möchte.

84. A. weiß
    B. kenne
    C. darf
    D. soll

85. A. dieses
    B. dieser
    C. diesem
    D. diese

86. A. aus
    B. auf
    C. auch
    D. an

87. A. Gymnasium
    B. Krankenhaus
    C. Käseladen
    D. Bäckerei

88. A. Käse
    B. Gemüse
    C. Obst
    D. Schinken

V. Er hatte Angst __89__ dem großen Hund, weil er glaubte, der Hund __90__ böse. Er wusste aber nicht, dass es zu der Zeit doch nichts zu befürchten __91__.

89. A. von
    B. vor
    C. wegen
    D. in

90. A. sei
    B. ist
    C. seien
    D. seid

91. A. findet
    B. gab
    C. fand
    D. gibt

GERMAN

SECTION III: PART C

Reading Part C: Reading Passages & Authentic Stimulus Material

Directions: Read each of the passages below. Each passage is followed by questions or incomplete statements. Choose the best answer according to the text and mark in the corresponding answer.

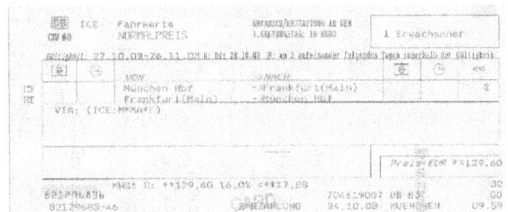

https://commons.wikimedia.org/wiki/File:Papierne_Fahrkarte_Deutsche_Bahn_f%C3%BCr_die_Fahrten_M%C3%BCnchen_Hbf_%E2%86%94_Frankfurt_am_Main_Hbf,_2._Klasse.jpg

92. Was für ein Zettel ist das?

    A. Ein Flugschein

    B. Ein Strafzettel

    C. Ein Zugticket

    D. Ein Konzertticket

93. Wann gilt diese Karte?

    A. Ab 24. Oktober 2003

    B. Ab 28. Oktober 2003

    C. Ab 27. Oktober bis 26. November 2003

    D. Ab 27. Oktober bis 28. Oktober 2003

94. Wieviel kostet diese Karte?

    A. EUR 129,60

    B. EUR 17,88

    C. DM 129,60

    D. DM 17,88

95. Wer darf mit dieser Karte fahren?

    A. Eine Familie

    B. Ein Rentner

    C. Ein Kind

    D. Ein Erwachsener

96. Wo fährt man am Anfang der Reise ab?

    A. Der Anfang der Reise beginnt in Frankfurt.

    B. Der Anfang der Reise endet in Frankfurt.

    C. Der Anfang der Reise beginnt in München.

    D. Der Anfang der Reise endet in München.

GERMAN

97. Wohin fährt man am Anfang der Reise?

   A. Der Anfang der Reise beginnt in Frankfurt.

   B. Der Anfang der Reise endet in Frankfurt.

   C. Der Anfang der Reise beginnt in München.

   D. Der Anfang der Reise endet in München.

Attribution: Whoever99 at English Wikipedia
https://commons.wikimedia.org/wiki/File:Snow_Patrol_Germany_Concert_Ticket.jpg

98. Was für ein Zettel ist das?

   A. Ein Flugschein

   B. Ein Strafzettel

   C. Ein Zugticket

   D. Ein Konzertticket

99. Wo findet diese Veranstaltung statt?

   A. Samstag

   B. 18:00

   C. Philipshalle

   D. Strasse 15

100. Um wieviel Uhr fängt diese Veranstaltung an?

   A. 20:00

   B. 18:00

   C. 30.05.2009

   D. 35.50

101. Welchen Sitzplatz hat der Besitzer dieser Karte?

   A. Er hat keinen Sitzplatz.

   B. Er hat Sitznummer 15.

   C. Er hat Sitznummer 40591.

   D. Er hat Sitznummer 50 in der 35. Reihe.

https://upload.wikimedia.org/wikipedia/commons/thumb/3/35/Kassenbon.jpg/320px-Kassenbon.jpg

102. Was für ein Zettel ist das?

    A. Eine Aufgabenliste

    B. Ein Rezept

    C. Eine Schweinfurt

    D. Eine Quittung

103. Wann wurde der Zettel ausgegeben?

    A. Am 12. Juli 2008

    B. Am 8. Dezember 2007

    C. Am 12. August 2007

    D. Am 7. Dezember 2008

104. Wieviel kosten die Waren insgesamt?

    A. EUR 50,00

    B. EUR 35,16

    C. EUR 14,84

    D. EUR 13,11

Namensnennung: Raro42 aus der deutschsprachigen Wikipedia
https://commons.wikimedia.org/wiki/File:Bremen_Lesumsperrwerk_Hinweisschild.jpg?uselang=de-formal

105. Was bedeutet das Signal?

    A. Schnell vom Brückenbereich weggehen

    B. Langsam den Brückenbereich verlassen

    C. Ab 22.00 die Brücke überqueren

    D. Von 23.00 bis 5.00 Uhr die Brücke überqueren

106. Wie erkennt man das Signal?

    A. Man sieht es.

    B. Man hört es.

    C. Man tastet es.

    D. Man riecht es.

107. Wie schließen die schranken?

    A. Sehr schnell

    B. Sehr langsam

    C. Handbetätigt

    D. In 5 Minuten

108. Wann schließt die Brücke?

    A. Ab 22.00 Uhr

    B. Fünfmal pro Stunde zwischen 23.00 und 5.00 Uhr

    C. Zwischen 23.00 und 5.00 Uhr bleibt die Brücke zu.

    D. Einmal pro Stunde zwischen 23.00 und 5.00 Uhr

GERMAN

109. **Was für ein Schild ist das?**

    A. Eine Schildkröte

    B. Ein Verkehrszeichen

    C. Ein Stoppschild

    D. Ein Krankheitszeichen

110. **Wo findet man normalerweise so ein Schild?**

    A. Unter dem See

    B. Im Schlafzimmer

    C. Auf dem Fußballplatz

    D. Auf der Straße

111. **Was bedeutet das Schild?**

    A. Hier darf man bloß nicht 20 Stundenkilometer fahren.

    B. Hier darf man nicht schneller als 20 Stundenkilometer fahren.

    C. Hier darf man nicht langsamer als 20 Stundenkilometer fahren.

    D. Hier darf man genau 20 Stundenkilometer fahren.

112. **Was für eine Gestalt liegt auf dem Schild?**

    A. Ein Kreis

    B. Ein Dreieck

    C. Ein Sechseck

    D. Ein Rechteck

113. **Was ist das für ein Schild?**

    A. Eine Ankündigungstafel

    B. Ein Verbotsschild

    C. Eine Warntafel

    D. Ein Gefahrenzeichen

114. **Wo befindet sich normalerweise so ein Schild?**

    A. Unter dem See

    B. Auf der Autobahn

    C. Auf dem Fußballplatz

    D. Im Badezimmer

115. Was bedeutet das Schild?

A. Bald muss man schlafen, essen, oder Benzin holen.

B. Bald gibt es entweder Unterkunftsmöglichkeiten, oder Essmöglichkeiten, oder Tankmöglichkeiten, aber nicht alle drei.

C. Bald gibt es weder Unterkunftsmöglichkeiten, noch Essmöglichkeiten, noch Tankmöglichkeiten.

D. Bald gibt es Unterkunftsmöglichkeiten, Essmöglichkeiten, und Tankmöglichkeiten.

116. Was für eine geometrische Form hat das Schild?

A. Ein Sechseck

B. Ein Viereck

C. Ein Dreieck

D. Ein Kreis

Köln (Deutschland), 29.10.2005 – Ab 11. Mai 2006 wird es nach 15 Jahren erstmals wieder einen täglichen Flug vom Flughafen Köln/Bonn nach New York City geben. Die US-Gesellschaft „Continental Airlines" steuert dort den „Newark Liberty International Airport" an. Die Strecke soll von einer Boeing 757-200 bedient werden, in der 172 Passagiere Platz haben.

Michael Garvens, Chef der Betreibergesellschaft des Flughafens, und Jim Summerford, Vizepräsident von Continental, sind zuversichtlich. Die Gesellschaft rechnet mit 75.000 Fluggästen pro Jahr. Das freut auch Joachim Klein von Germanwings. Köln/Bonn ist eines der Drehkreuze der „Billigfluglinie", von dem aus sie die neuen Fluggäste in ganz Europa verteilen könnte.

Der Preis für die Flüge soll zwischen 550 Euro im Sommer und 350 Euro im Winter liegen. Flug „CO 111" startet um 10:35 Uhr in Köln/Bonn, Ankunft ist 13:20 Uhr, jeweils Ortszeit. Von Newark startet Flug „CO 110" um 18:45 Uhr, der am nächsten Morgen um 08:10 Uhr ankommt.

~ **Artikelstatus: Fertig 13:29, 29. Okt. 2005 (CEST)**

https://de.wikinews.org/wiki/Ab_2006_nonstop_von_K%C3%B6ln/Bonn_nach_New_York

117. Worum geht es in diesem Artikel?

A. Wie man ein Flugzeug baut

B. Luftverkehr zwischen den Vereinigten Staaten von Amerika und Kanada

C. Luftverkehr zwischen Deutschland und den Vereinigten Staaten von Amerika

D. Eine 15-jährige Flugreise

118. Wieviele Fluggäste können in der Boeing fliegen?

A. 350

B. 757-200

C. 172

D. 2006

GERMAN

119. Warum freut sich Joachim Klein?

A. Er erwartet mehr als fünfzigtausand Fluggäste pro Jahr.

B. Er erwartet weniger als fünfzigtausand Fluggäste pro Jahr.

C. Er kennt den Chef der Betreibergesellschaft des Flughafens.

D. Er kennt sowohl den Chef der Betreibergesellschaft des Flughafens als auch den Vizepräsidenten von Continental.

120. Wieviel wird es kosten, um vom Flughafen Köln/Bonn nach New York City zu fliegen?

A. 757-200 Euro

B. 550 Euro

C. 350 Euro

D. 350 Euro bis 550 Euro

GERMAN

ANSWER KEY

Question Number	Correct Answer	Your Answer
1	A	
2	B	
3	A	
4	D	
5	D	
6	A	
7	A	
8	C	
9	D	
10	B	
11	C	
12	C	
13	C	
14	B	
15	A	
16	D	
17	C	
18	B	
19	B	
20	C	
21	D	
22	A	
23	A	
24	C	
25	D	
26	C	
27	B	
28	C	
29	B	
30	D	
31	D	
32	A	
33	A	
34	C	
35	A	
36	D	
37	D	
38	B	
39	D	
40	A	

Question Number	Correct Answer	Your Answer
41	A	
42	B	
43	C	
44	C	
45	A	
46	B	
47	D	
48	B	
49	B	
50	D	
51	C	
52	C	
53	B	
54	B	
55	A	
56	B	
57	D	
58	A	
59	B	
60	D	
61	A	
62	A	
63	C	
64	C	
65	B	
66	B	
67	C	
68	A	
69	C	
70	B	
71	D	
72	B	
73	A	
74	B	
75	D	
76	B	
77	C	
78	B	
79	C	
80	A	

Question Number	Correct Answer	Your Answer
81	A	
82	D	
83	C	
84	B	
85	B	
86	A	
87	D	
88	D	
89	B	
90	A	
91	B	
92	C	
93	C	
94	A	
95	D	
96	C	
97	B	
98	D	
99	C	
100	A	
101	A	
102	D	
103	B	
104	C	
105	A	
106	B	
107	A	
108	D	
109	B	
110	D	
111	B	
112	A	
113	A	
114	B	
115	D	
116	B	
117	C	
118	C	
119	A	
120	D	

GERMAN

RATIONALES

1. **Man A:** Nächste Woche werden meine Eltern nach Spanien fliegen, weil sie dort Urlaub machen möchten.

    Woman: Was tun die Eltern nächste Woche?

    Man B: A. Sie werden zum Flughafen fahren.
    B. Sie reisen nach Italien.
    C. Sie werden sehr fleißig arbeiten.
    D. Sie werden zu Hause bleiben.

Die richtige Antwort ist A.
Die richtige Antwort ist A, denn wenn man fliegt, muss man normalerweise vom Flughafen abfliegen.

2. **Woman A:** Kennst Du den Film „Lola Rennt"? Den fand ich ganz toll! Du solltest ihn auch mal sehen.

    Man: Was passiert hier?

    Woman B: A. Die Frau erzält von einem Film, den sie schrecklich fand.
    B. Die Frau empfehlt einen Film, der ihr gut gefallen hat.
    C. Die Frau hat den Film schon dreimal gesehen.
    D. Die Frau freut sich darauf, einen ihr unbekannten Film zu sehen.

Die richtige Antwort ist B.
Die richtige Antwort ist B, weil die Frau sagte, dass sie den Film seht gut (ganz toll) fand und dass der Mann den Film auch sehen soll.

3. **Man A:** Vorgestern bin ich in die Stadt gefahren und habe Milch, Apfelsaft, Brot, Eier, und Käse gekauft.

    Woman: Was ist passiert vorgestern?

    Man B: A. Der Mann ist im Supermakt einkaufen gegangen.
    B. Der Mann ist in der Polizeistation einkaufen gegangen.
    C. Der Mann ist bei der Post einkaufen gegangen.
    D. Der Mann ist in der Bibliotek einkaufen gegangen.

Die richtige Antwort ist A.
Die richtige Antwort ist A, weil man Lebensmittel weder in der Polizeistation, noch bei der Post, noch in der Bibliothek kaufen kann.

GERMAN

4. **Woman A:** Wollen wir am Samstag oder Sonntag Wandern gehen?

   Woman B: Was für eine tolle Idee! Wenn es nicht regnet oder so etwas, gehen wir bestimmt.

   Man A: Was beschließen die zwei Frauen?

   Man B: A. So lange das Wetter gut sein wird, werden sie auf eine einwöchige Wanderung gehen.
   B. Wenn es regnet, gehen sie am Wochenende Wandern.
   C. Am Samstag oder Sonntag wird das Wetter schlecht sein.
   D. So lange das Wetter gut sein wird, werden sie am Wochenende Wandern gehen.

Die richtige Antwort ist D.
Die richtige Antwort ist D, weil die erste Frau gefragt hat, ob am Wochenende (Samstag oder Sonntag) die zweite Frau mit ihr wandern gehen möchte, und die zweite Frau geantwortet hat, dass sie sicher zusammen wandern gehen würden (gehen wir bestimmt), so lange das Wetter gut sein wird (wenn es nicht regnet oder so etwas).

5. **Man A:** Wenn ich in die Kneipe gehe, trinke ich am liebsten Bier. Du auch, oder?

   Man B: Nein, eigentlich nicht. Mir gefällt am besten Rotwein.

   Woman A: Worüber sprechen die zwei Männer?

   Woman B: A. Wo sie zur Zeit etwas Alkohol trinken wollen
   B. Den Getränke, die ihnen am wenigsten gefallen
   C. Ihren gemeinsamen Geschmack in Alkohol
   D. Ihren unterschiedlichen Geschmack in Alkohol

Die richtige Antwort ist D.
Die richtige Antwort ist D, denn die beiden Maenner mögen nicht denselben Alkohol trinken. Der erste Mann trinkt gern Bier, aber der zweite Mann trinkt gern Rotwein.

GERMAN

6. **Woman A:** Michael, hast Du Julia schon angerufen und zum Abendessen eingeladen?

   Man A: Nein, ich wollte sie beim Arbeiten nicht stören. Ich werde sie etwas später anrufen.

   Woman B: Was tut Michael?

   Man B:
   A. Er wird Julia in ein paar Stunden anrufen.
   B. Er wird Julia sofort anrufen.
   C. Er wird Julia nicht anrufen.
   D. Er hat Julia schon angerufen.

Die richtige Antwort ist A.
Die richtige Antwort ist A, denn Michael wird Julia anrufen, aber er wird sie nicht sofort anrufen. Er wird sie in ein paar Stunden (etwas später) anrufen.

7. **Man A:** Wie wollen wir dorthin? Zu Fuß oder mit einem Taxi?

   Woman A: Eine Taxifahrt wäre viel zu teuer.

   Woman B: Was wurde hier beschlossen?

   Man B:
   A. Dorthin fahren sie nicht mit einem Taxi.
   B. Dorthin fahren sie überhaupt nicht.
   C. Dorthin fahren sie nicht mit dem Bus.
   D. Dorthin fahren sie doch lieber mit einem Taxi.

Die richtige Antwort ist A.
Die richtige Antwort ist A, weil sie das Geld für ein Taxi nicht ausgeben wollen. Ansonsten wissen sie nocht nicht, wie sie dorthin gehen werden oder ob sie überhaupt dorthin gehen werden.

8. **Man A:** Meine Schwester studiert Rechtswissenschaft an der Universität.

   Woman: Was möchte sie danach wohl werden?

   Man B:
   A. Automechanikerin
   B. Tierärztin
   C. Rechtsanwältin
   D. Physikerin

Die richtige Antwort ist C.
Die richtige Antwort ist C, weil man Rechtswissenschaft studieren muss, wenn man Rechtsanwältin werden will. Wenn man Automechanikerin, Tierärztin, oder Physikerin werden will, muss man etwas anderes studieren.

GERMAN

9. **Woman A:** Seit drei Jahren isst Elke kein Fleisch mehr.

    Man: Was bedeutet das?

    Woman B:
    A. Seit drei Jahren isst sie Fleisch besonders gern.
    B. Sie trinkt auch keine Milch mehr.
    C. Seit drei Jahren isst sie nur Obst.
    D. Sie ist Vegetarierin geworden.

Die richtige Antwort ist D.
Die richtige Antwort ist D, denn Vegetarier essen kein Fleisch. Sie können Milch trinken, und sie dürfen ewas anders als Obst essen.

10. **Man A:** Ich habe Lust auf ein Eis, also werde ich mir bald eins holen.

    Woman: Welches Geschmack isst Du am Liebsten?

    Man A:
    A. Blau
    B. Schokolade
    C. Rot
    D. Heiß

Die richtige Antwort ist B.
Die richtige Antwort ist B, weil blau, rot, und heiß keine Geschmäcke sind.

11. **Man A:** Entschuldigen Sie mich bitte. Bin ich hier richtig? Ich suche das Büro des Geschäftleiters.
    Woman A: Wenn Sie den Chef besprechen möchten, müssen Sie die Treppen noch ein Stock nach oben hinaufgehen.

    Woman B: Worüber reden die zwei Menschen?

    Man B:
    A. Ob der Chef in seinem Büro ist
    B. Ob der Chef nun zu verfügung steht
    C. Wo das Büro des Chefs sich befindet
    D. Wo die Treppen nach oben sich befinden

Die richtige Antwort ist C.
Die richtige Antwort ist C, weil die Frau dem Mann erklärt, wo er hingehen muss (die Treppen hinaufgehen), wenn er den Chef finden möchte. Sie hat ihm aber nicht erklärt, wo sich die Treppen befinden.

GERMAN

12. Man A: Bitte, ich brauche ein Einzelzimmer für vier Nächte.

    Woman A: Es tut mir Leid. Leider haben wir zur Zeit nur noch einige Doppelzimmer frei.

    Woman B: Wo findet dieses Gespräch statt?

    Man B:
    A. Im Schlosspark
    B. In der Kirche
    C. Im Hotel
    D. Im Krankenhaus

Die richtige Antwort ist C.
Die richtige Antwort ist C, denn man versucht nicht ein Zimmer im Schlosspark, in der Kirche, oder im Krankenhaus zu bestellen.

13. Man A: Hier riecht's nach Knoblauch und Zwiebel. Was kocht ihr?

    Woman A: Etwas Leckeres!

    Man B: Wo befindet dieses Gespräch statt?

    Woman B:
    A. Im Keller
    B. Im Schlafzimmer
    C. In der Küche
    D. Im Badezimmer

Die richtige Antwort ist C.
Die richtige Antwort ist C, denn man kocht in der Küche, nicht im Keller, im Schlafzimmer, oder im Badezimmer.

GERMAN

14. Man A: Wir werden unsere Sommerferien in Griechenland verbringen. Während unserer Abwesenheit werden unsere Zimmerpflanzen wohl Wasser brauchen.

Woman A: Ich verstehe.

Man B: Was versteht die Frau?

Woman B: A. Sie soll den Garten pflegen.
B. Sie soll den Zimmerpflanzen gießen.
C. Sie soll den Zimmerpflanzen töten.
D. Sie soll den Zimmerpflanzen verkaufen.

Die richtige Antwort ist B.
Die richtige Antwort ist B, weil während der Sommerferien der Mann – und vermutlich seine Familie auch – nicht zu Hause sein wird, und wenn die Zimmerpflanzen kein Wasser bekommen, werden sie dann sterben. Also die Frau versteht, dass sie die Zimmerpflanzen gießen soll, damit sie nicht sterben.

15. Man A: Heute bin ich echt müde, weil ich gerade eine ganz schön unbequeme Nacht auf dem Boden verbracht habe.

Woman A: Warum das denn? Ist dein Bett kaputt? Oder hast du vielleicht gar kein Bett?

Woman B: Wohin muss der Mann gehen, wenn er ein neues Bett kaufen möchte?

Man B: A. Ein Möbelgeschäft
B. Ein Rathaus
C. Eine Bierstube
D. Ein Teeladen

Die richtige Antwort ist A.
Die richtige Antwort ist A, weil ein Bett ein Möbelstück ist, und Möbelstücke kauft man in einem Möbelgeschäft.

GERMAN

16. Woman A: Trotz des schlechten Wetters bin ich draußen spazierengegangen.

Man A: Das kann ich ja sehen. Im Regen sind deine Füße sehr nass geworden, aber dein Kopf und deine Schultern sind ganz trocken geblieben.

Woman B: Warum ist wahrscheinlich die Frau nur teilweise nass geworden?

Man B: A. Sie hat gute Gummistiefel getragen.
B. Sie hat warme Handschuhe getragen.
C. Sie hat einen schönen Rock getragen.
D. Sie hat einen Regenschirm benutzt.

Die richtige Antwort ist D.
Die richtige Antwort ist D, denn ohne Regenschirm wären ihr Kopf und ihre Schultern nass geworden.

17. Man A: Du siehst sehr traurig aus, Angela. Was ist denn los?

Woman A: Etwas Furchtbares! Ich habe gerade gelernt, dass mein Freund mich mehrmals angelogen hat.

Man B: Was beursacht Angelas Unglück?

Woman B: A. Die schlechte Laune ihres Freundes
B. Die Wahrheiten ihres Freundes
C. Die Lügen ihres Freundes
D. Die Augenfarbe ihres Freundes

Die richtige Antwort ist C.
Die richtige Antwort ist C, weil ihr Freund sie angelogen hat. Das bedeutet, dass er ihr Lügen erzählt hat.

18. Woman A: Warum bewegst Du dich in solch einer seltsamer Weise? Hast Du Schmerz?

Man A: Ja, gestern bin ich mit einem allzu schweren Rucksack überall auf dem Campus herumgelaufen.

Woman B: Was ist wohl mit dem Mann los?

Man B: A. Seine Ohren tun ihm Weh
B. Seine Schultern tun ihm Weh
C. Er hat Zahnschmerzen
D. Er hat Bauchschmerzen

Die richtige Antwort ist B.
Die richtige Antwort ist B, weil man einen Rucksack auf den Schultern und auf dem Rücken trägt.

GERMAN

19. Wer spricht hier?

    A. Vater und Sohn

    B. Zwei Freunde

    C. Zwei Kinder

    D. Lehrer und Schüler

Die richtige Antwort ist B.
Die richtige Antwort ist B, weil man ‚Kumpel' zu einem Freund sagt. Zwei befreundete Kinder sind es nicht, weil ein Auto gekauft wurde.

20. Wie sprechen die zwei Männer mit einander?

    A. Böshaft

    B. Ärgerlich

    C. Lebhaft

    D. Ruhig

Die richtige Antwort ist C.
Die richtige Antwort ist C, weil ihr Gespräch laut, begeistert, und freundlich ist.

21. Worüber reden sie?

    A. Das Wetter

    B. Eine Gemeinsame Autofahrt

    C. Einen Autounfall

    D. Ihren jetzigen Zustand

Die richtige Antwort ist D.
Die richtige Antwort ist D, denn die zwei Männer fragen einander, wie und warum es ihnen so geht.

GERMAN

22. Wo findet dieses Gespräch statt?

A. Im Kaufhaus

B. Im Waschsalon

C. In einer Vorlesung

D. Beim Zahnartz

Die richtige Antwort ist A.
Die richtige Antwort ist A, denn normalerweise sucht man ein Geschenk in einem Ort, indem man etwas einkaufen kann, das heißt, in einem Kaufhaus.

23. Was braucht Claudia?

A. Ein Geburstagsgeschenk für ihren Bruder

B. Ein Geburtstagsgeschenk für ihre Tochter

C. Ein Weihnachtsgeschenk für ihren Tochter

D. Ein Weihnachtsgeschenk für ihren Bruder

Die richtige Antwort ist A.
Die richtige Antwort ist A, weil Claudia ein Geschenk fuer ihren Bruder, der bald Geburtstag hat, sucht.

24. Was haben die zwei Frauen vor?

A. Kaffee trinken gehen und sofort nach Hause fahren

B. Bier trinken gehen und sofort nach Hause fahren

C. Kaffee trinken gehen und danach zusammen einkaufen gehen

D. Bier trinken gehen und danach zusammen einkaufen gehen

Die richtige Antwort ist C.
Die richtige Antwort ist C, denn Brigitte möchte Claudia zum Kaffeetrinken einladen, und danach wird sie Claudia beim weiteren Einkaufen helfen.

GERMAN

25. Wo findet dieses Gespräch statt?

    A. In der Kneipe

    B. In der Mensa

    C. Im Büro

    D. Am Telefon

Die richtige Antwort ist D.
Die richtige Antwort ist D, denn der Mann möchte mit einer Frau, die am Apparat ist, sprechen.

26. Was hat Ulriche Fischer vor zwei Wochen getan?

    A. Einen Bekannter besucht

    B. Eine Buchhandlung eröffnet

    C. Sich um einen Job beworben

    D. Ihren Job verlassen

Die richtige Antwort ist C.
Die richtige Antwort ist C, weil sie vor etwa zwei Wochen sich um eine Stelle beworben hat.

27. Wer ist Stefan Schultz?

    A. Bibliothekar

    B. Geschäftsleiter

    C. Feuerwehrmann

    D. Schlittschuhläufer

Die richtige Antwort ist B.
Die richtige Antwort ist B, weil er in einem Geschäft, indem man Bücher kauft und verkauft (in Berthas Buchhandlung), arbeitet.

GERMAN

28. Warum wollte Stefan Schultz mit Ulriche Fischer sprechen?

    A. Er wollte sie zu einer Besichtigung einladen.

    B. Er wollte sie zum Mittagessen einladen.

    C. Er wollte sie zu einem Vorstellungsgespräch einladen.

    D. Er wollte sie zu einer Geburtstagsfeier einladen.

Die richtige Antwort ist C.
Die richtige Antwort ist C, weil er genau das gesagt hat. Außerdem hat Ulrike Fischer sich um eine Stelle beworben. Der nächste Schritt wäre, ein Bewerbungsgespräch zu absolvieren.

29. Wie hat Ulrike Fischer auf die Einladung reagiert?

    A. Sie hat sich geärgert.

    B. Sie hat sich gefreut.

    C. Sie hat geweint.

    D. Sie fing an zu schimpfen.

Die richtige Antwort ist B.
Die richtige Antwort ist B, denn sie interessiert sich immer noch sehr für die Stelle und will wissen, wo und wann das Bewerbungsgespraech stattfinden wird.

30. Worum geht es in diesem Rundfunkbericht?

    A. Um Fahrtrichtungen

    B. Um eine Fahrkarte

    C. Um eine Autoreparatur

    D. Um einen Autounfall

Die richtige Antwort ist D.
Die richtige Antwort ist D, weil es einen Aufprall mehrerer Autos gegeben hat.

GERMAN

31. Wann geschieht dieses Ereignis?

    A. Am Sonntag

    B. Am Montag

    C. Am Dienstag

    D. Am Mittwoch

Die richtige Antwort ist D.
Die richtige Antwort ist D, denn der Aufprall geschieht am Mittwochabend.

32. Wo geschieht dieses Ereignis?

    A. In Krefeld

    B. In Duisburg

    C. In Aachen

    D. In Bremen

Die richtige Antwort ist A.
Die richtige Antwort ist A, weil der Unfall in Krefeld geschehen ist. Die Autofahrerin kommt aus Aachen und ist in Richtung Duisburg gefahren. Bremen wurde nicht genannt.

33. Wieso geschieht dieses Ereignis?

    A. Wegen Stau

    B. Wegen Gewitter

    C. Wegen Schnee

    D. Wegen Glatteis

Die richtige Antwort ist A.
Die richtige Antwort ist A, weil genau das gesagt wurde. Die Autofahrerin hat ein Stauende zu spät erkannt und hat mit ihrem Auto das letzte Auto im Stau geprallt.

GERMAN

34. Worum geht es in diesem Rundfunkbericht?

    A. Um die Börse

    B. Um eine Reise

    C. Um das Wetter

    D. Um eine Landkarte

Die richtige Antwort ist C.
Die richtige Antwort ist C, denn in diesem Bericht geht es um Regen, Sonne, Wind und Wolken.

35. Was passiert am Montag?

    A. Es regnet, die Sonne scheint, und der Wind weht.

    B. Es schneit und wurde sehr kalt.

    C. Die Temperatur steigt bis 30 Grad.

    D. Den ganzen Tag scheint die Sonne.

Die richtige Antwort ist A.
Die richtige Antwort ist A, denn im Nordwesten regnet es zuerst, danach scheint zeitweise die Sonne, und im Süden ist es sehr windig.

36. Was passiert am Dienstag?

    A. Den ganzen Tag regnet es.

    B. Die Temperatur fällt bis -5 Grad.

    C. Es schneit und wurde sehr kalt.

    D. Das Wetter ist teilweise freundlich.

Die richtige Antwort ist D.
Die richtige Antwort ist D, denn anfangs ist es meist trocken, und später gibt es eine freundliche Mischung aus Sonne und Wolken.

GERMAN

37. Worum geht dieses Gespräch?

   A. Die Gesundheit einer Frau

   B. Die Gesundheit eines Hundes

   C. Die Gesundheit einer Tochter

   D. Die Gesundheit eines Kindes

Die richtige Antwort ist D.
Die richtige Antwort ist D, weil der Mann sagt, dass sein Sohn erkältet sei.

38. Was ist mit dem Junge los?

   A. Er hat Bauchschmertz.

   B. Er hat eine Erkältung.

   C. Er hat einen Zeh gebrochen.

   D. Ihm läuft die Nase.

Die richtige Antwort ist B.
Die richtige Antwort ist B, weil der Sohn des Mannes erkältet ist.

39. Wie behandelt der Vater die Krankheit seines Sohnes?

   A. Er ruft den Artz sofort an.

   B. Er tut gar nichts.

   C. Er gerät sofort in Panik.

   D. Er geht erstmals zur Apotheke.

Die richtige Antwort ist D.
Die richtige Antwort ist D, denn er sagt in aller Ruhe, dass er zuerst zur Apotheke hingehe.

40. Warum hat Silke einen Strafzettel bekommen?

    A. Weil sie zu schnell gefahren ist

    B. Weil sie bei einer roten Ampel nicht angehalten hat

    C. Weil sie bei einer grünen Ampel zu lange stehengeblieben ist

    D. Weil sie zu langsam gefahren ist

Die richtige Antwort ist A.
Die richtige Antwort ist A, denn sie hat die Geschwindigkeitsbegrenzung überschritten. Obwohl die Geschwindigkeitsbeschränkung 50 Stundenkilometer war, ist sie mit 80 Stundenkilometer durch das Gebiet gefahren.

41. Wie schnell ist Silke auf der Straße gefahren?

    A. 80 Stundenkilometer

    B. 50 Stundenkilometer

    C. 30 Stundenkilometer

    D. 18 Stundenkilometer

Die richtige Antwort ist A.
Die richtige Antwort ist A, denn sie sagt, dass sie 80 Stundenkilometer die Straße entlang gefahren sei.

42. Was war die tatsächliche Geschwindigkeitsbegrenzung auf der Straße?

    A. 80 Stundenkilometer

    B. 50 Stundenkilometer

    C. 30 Stundenkilometer

    D. 18 Stundenkilometer

Die richtige Antwort ist B.
Die richtige Antwort ist B, denn der Mann fragt, ob die Höchstgeschwindigkeit auf jener Straße 50 Stundenkilometer gewesen sei, und sie antwortet ‚genau'.

GERMAN

43. Wie fühlte sich Silke wegen des Strafzettels?

    A. Sie ist überglücklich.

    B. Sie freut sich.

    C. Ihr geht es nicht gut.

    D. Ihr geht es sehr gut.

Die richtige Antwort ist C.
Die richtige Antwort ist C, denn sie sagt, dass es ihr nicht so toll (nicht sehr gut) gehe, und dass sie einen gefährlichen und teueren Fehler gemacht habe.

44. Wie reagiert Thomas auf die Situation?

    A. Kalt

    B. Veraergert

    C. Mitfuehlend

    D. Herablassend

Die richtige Antwort ist C.
Die richtige Antwort ist C, weil ihm ihr Pech Leid tue. Außerdem hat er sie zum Abendessen eingeladen, weil sie sich jetzt so etwas nicht leisten kann.

45. Wer spricht hier?

    A. Ein Liebespaar

    B. Zwei Kollegen

    C. Erbitterte Feinde

    D. Zwei Fremde

Die richtige Antwort ist A.
Die richtige Antwort ist A, weil der Mann und die Frau den Kosename ‚Schatz' benutzen, wenn sie mit einander reden.

GERMAN

46. Wann findet dieses Gespräch statt?

   A. Früh in der Woche

   B. Früh am Morgen

   C. Spät am Tag

   D. Spät im Monat

Die richtige Antwort ist B.
Die richtige Antwort ist B, denn sie reden ueber Frühstück. Ausserdem ist die Frau noch nicht völlig wach.

47. Wo findet dieses Gespräch statt?

   A. im Badezimmer

   B. im Wäschezimmer

   C. im Schlafzimmer

   D. in der Küche

Die richtige Antwort ist D.
Die richtige Antwort ist D, denn der Mann kocht gerade Kaffee, und normalerweise kocht man in der Küche. Außerdem sieht die Frau die Kaffeetassen schon auf dem Tisch stehen.

48. Was werden die zwei Leute zum Frühstück essen?

   A. Sie werden etweder Speck oder Schinken essen.

   B. Darüber haben sie noch keine Entscheidung getroffen.

   C. Sie werden weder Käse noch Kuchen essen.

   D. Sie werden Brötchen mit Marmelade essen.

Die richtige Antwort ist B.
Die richtige Antwort ist B, weil es der Frau momentan egal ist, was die Beiden zum Frühstück essen. Außerdem beeilen sie sich nicht, eine Entscheidung zu treffen.

GERMAN

49. Ich wohne schon _____ drei Jahren in Berlin.

    A. in

    B. seit

    C. zu

    D. vor

Die richtige Antwort ist B.
Die richtige Antwort ist B, weil die Person vor drei Jahren nach Berlin umgezogen ist und immer noch dort wohnt.

50. Wann gehst Du _____ Hause?

    A. zu

    B. auf

    C. gegen

    D. nach

Die richtige Antwort ist D.
Die richtige Antwort ist D, weil man fragt, wohin jemand geht (nach Hause), nicht wo jemand ist (zu Hause). In diesem Zusammenhang machen weder ‚auf' noch ‚gegen' Sinn.

51. Sie ist _____ fünf Jahren gestorben.

    A. seit

    B. auf

    C. vor

    D. von

Die richtige Antwort ist C.
Die richtige Antwort ist C, weil der Tod in der Vergangenheit geschehen ist. In diesem Zusammenhang machen weder ‚auf' noch ‚von' Sinn. Wenn man ‚seit' benutzen möchte, um ein Ereignis zu beschreiben, das noch nicht absolviert ist, muss man sagen, dass sie seit fünf Jahren stirbt.

GERMAN

52. Er hat _____ Brief an seiner Mutter geschrieben.

    A. ein

    B. keinem

    C. einen

    D. vielen

Die richtige Antwort ist C.
Die richtige Antwort ist C, denn ‚Brief' ist ein Substantiv im Singular, also, ist ‚vielen' falsch. ‚Brief' ist auch ein maskulines Wort im Akkusativ, also sind ‚ein' und ‚keinem' auch falsch.

53. Heute morgen _____ wir sehr früh aufgestanden.

    A. seid

    B. sind

    C. haben

    D. habt

Die richtige Antwort ist B.
Die richtige Antwort ist B, weil in der Vergangenheit das Verb ‚aufstehen', ‚sein' annimmt, also ‚haben' und ‚habt' sind falsch. Der Satz ist in der ersten Person Plural, also ‚seid' ist auch falsch.

54. _____ lange müssen wir auf den Bus warten?

    A. Wo

    B. Wie

    C. Warum

    D. Was

Die richtige Antwort ist B.
Die richtige Antwort ist B, weil in diesem Zusammenhang weder ‚wo', noch ‚warum', noch ‚was' Sinn machen.

GERMAN

55. Sie _____ einen wunderschönen Bild gemahlen.

    A. hat

    B. ist

    C. habt

    D. seid

Die richtige Antwort ist A.
Die richtige Antwort ist A, weil in der Vergangenheit das Verb ‚malen' ‚haben' annimmt, also, ‚ist' und ‚seid' falsch sind. Der Satz ist in der dritten Person Singular, also ist ‚habt' auch falsch.

56. Der Hund hat _____ Mann gebissen.

    A. der

    B. den

    C. dem

    D. des

Die richtige Antwort ist B.
Die richtige Antwort ist B, denn ‚Mann' ist ein maskulines Wort im Akkusativ, also ‚der', ‚dem', und ‚des' falsch sind.

57. Er spielt gern das Klavier, _____ es ihm Spaß macht.

    A. obwohl

    B. trotzdem

    C. durch

    D. weil

Die richtige Antwort ist D.
Die richtige Antwort ist D, weil in diesem Zusammenhang ‚durch' überhaupt keinen Sinn macht und ‚obwohl' und ‚trotzdem' eine Opposition darstellen, die in diesem Zusammenhang keinen Sinn macht.

GERMAN

58. Ich bin den ganzen Weg hierher gelaufen, deswegen bin ich jetzt sehr _____.

    A. müde

    B. arm

    C. schwer

    D. genau

Die richtige Antwort ist A.
Die richtige Antwort ist A, denn beim Laufen wendet man Energie auf und wird dabei müde.

59. Es tut _____ Leid, dass ihr das Spiel verloren habt.

    A. mich

    B. mir

    C. ich

    D. mein

Die richtige Antwort ist B.
Die richtige Antwort ist B, weil der betreffende Ausdruck ein Personalpronomen im Dativ nimmt, also ‚mich', ‚ich', und ‚mein' falsch sind.

60. Je mehr ich es versuche, desto _____ wird es.

    A. schwartz

    B. schmutzig

    C. sinnlos

    D. schwieriger

Die richtige Antwort ist D.
Die richtige Antwort ist D, weil der betreffende Ausdruck (je-desto) zwei komparativ Adjektive (‚mehr' und ‚schwieriger') nimmt.

GERMAN

61. Warum lachst Du? Ich habe doch keinen _____ erzählt.

    A. Witz

    B. Bildungsroman

    C. Geheimnis

    D. Rätsel

Die richtige Antwort ist A.
Die richtige Antwort ist A, denn ein Witz soll lustig sein und beim Erzählen eines Witzes soll man lachen.

62. Januar ist der ersten Monat _____ Jahres.

    A. des

    B. das

    C. welchem

    D. ein

Die richtige Antwort ist A.
Die richtige Antwort ist A, weil der Satz einen bestimmten Artikel im Genitiv braucht, also ‚das', ‚welchem', und ‚ein' sind falsch.

63. Morgen haben wir _____ 22. Februar.

    A. der

    B. das

    C. den

    D. dem

Die richtige Antwort ist C.
Die richtige Antwort ist C, weil der betreffende Ausdruck einen bestimmten Artikel im Akkusativ nimmt, also ‚der', ‚das', und ‚dem' falsch sind.

GERMAN

64. Ich _____ gern Muzik zu.

    A. sehe

    B. rieche

    C. höre

    D. taste

Die richtige Antwort ist C.
Die richtige Antwort ist C, weil man Musik weder sieht, noch riecht, noch tastet. Man hört Musik mit den Ohren.

65. Die _____ erklärt den Schülern, wie sie den Hausaufgaben machen müssen.

    A. Lehrer

    B. Lehrerin

    C. Artzt

    D. Krankenschwester

Die richtige Antwort ist B.
Die richtige Antwort ist B, denn normalerweise bekommen Schüler Hausaufgaben nicht von einem Artzt oder von einer Krankenschwester. Wenn ‚Lehrer' richtig wäre, muss der Satz entweder ‚Der Lehrer erklärt...' (der Artikel ist im Singular der nominativen maskulinen Form) oder ‚Die Lehrer erklären...' (ein im Plural benutztes Substantiv mit entsprechender Konjugation des Verbes) lauten.

66. Ich möchte eine Frage _____. Wieviel kostet das Buch?

    A. zeigen

    B. stellen

    C. antworten

    D. sagen

Die richtige Antwort ist B.
Die richtige Antwort ist B, denn so ist der Ausdruck, wenn man eine Frage hat und möchte, dass jemand sie beantwortet.

GERMAN

67. Wenn man weint, ist man traurig. Wenn man lächelt, ist man _____.

    A. stark

    B. schmutzig

    C. glücklich

    D. ängstlich

Die richtige Antwort ist C.
Die richtige Antwort ist C, denn normalerweise lächelt man, wenn man glücklich ist.

I. Sabine ___68___ gern Sport. Im Winter ___69___ sie Ski so oft wie möglich und im Sommer ___70___ sie fast täglich schwimmen. Im Frühling und im Herbst ___71___ sie am liebsten Fußball.

68. A. treibt	69. A. gehen	70. A. spielt	71. A. geht
B. treiben	B. geht	B. geht	B. macht
C. läuft	C. läuft	C. macht	C. läuft
D. laufen	D. laufen	D. läuft	D. spielt

68. Die richtige Antwort ist A.
Der Ausdruck heißt ‚Sport treiben', nicht ‚Sport laufen'. Das Subjekt des Satzes ist in der dritten Person Singular, also es kann nicht ‚treiben' sein.

69. Die richtige Antwort ist C.
Der Ausdruck heißt ‚Ski laufen', nicht ‚Ski gehen'. Das Subjekt des Satzes ist in der dritten Person Singular, also es kann nicht ‚laufen' sein.

70. Die richtige Antwort ist B.
Der Ausdruck heißt ‚Schwimmen gehen', nicht ‚Schwimmen spielen', ‚Schwimmen machen', oder ‚Schwimmen laufen'.

71 Die richtige Antwort ist D.
Der Ausdruck heißt ‚Fußball spielen', nicht ‚Fußball gehen', ‚Fußball machen', oder ‚Fußball laufen'.

GERMAN

II. Das Jahr fängt mit __72__ an und endet mit __73__. März ist der dritte Monat __74__ Jahres und Juni ist der __75__. Der __76__ Monat ist November und Februar ist am __77__.

72. A. Dezember
    B. Januar
    C. Juli
    D. Oktober

73. A. Dezember
    B. Mai
    C. September
    D. Januar

74. A. der
    B. des
    C. dem
    D. dessen

75. A. neunte
    B. zweite
    C. vierte
    D. sechste

76. A. überletzte
    B. vorletzte
    C. letzte
    D. erste

77. A. erste
    B. längste
    C. kürzeste
    D. letzte

72. Die richtige Antwort ist B.
Januar ist der erste Monat des Jahres, also befindet sich Januar am Anfang des Jahres.

73. Die richtige Antwort ist A.
Dezember ist der letzte Monat des Jahres, also befindet sich Dezember am Ende des Jahres.

74. Die richtige Antwort ist B.
Hier braucht man einen bestimmten Artikel im Genitiv, also sind ‚der', dem',‚dessen' falsch.

75. Die richtige Antwort ist D.
Es gibt zwölf Monate im Jahr. Wenn man die Monate des Jahres zählt, so ist Juni der sechste.

76. Die richtige Antwort ist B.
November ist weder der erste (Januar) noch der letzte (Dezember) Monat des Jahres. Das Wort ‚überletzte' gibt es nicht. November befindet sich gleich vor dem letzten Monat des Jahres, deswegen ist er der vorletzte Monat des Jahres.

77. Die richtige Antwort ist C.
Februar ist weder der erste (Januar) noch der letzte (Dezember) Monat des Jahres. Februar ist der kürzeste (nicht der längste) Monat des Jahres, denn er besteht aus nur 28 oder manchmal 29 Tagen. Die anderen Monate des Jahres bestehen aus entweder 30 oder 31 Tagen.

GERMAN

III. Neulich sind wir __78__ dem Auto nach Frankfurt am Main hingefahren. Dort __79__ wir nicht sehr lange geblieben, bevor wir nach Berlin hingefahren sind. Von Berlin aus haben wir __80__ dann auf den Weg nach Prag __81__. Nachdem wir fünf __82__ Tagen in Prag __83__ haben, sind wir dann wieder hierher zurückgefahren.

78. A. auf
    B. mit
    C. unter
    D. neben

79. A. haben
    B. will
    C. sind
    D. können

80. A. uns
    B. euch
    C. unser
    D. sich

81. A. gemacht
    B. machen
    C. machten
    D. gemachte

82. A. wunderbares
    B. wunderbar
    C. wunderbarer
    D. wunderbaren

83. A. zerbracht
    B. abgebracht
    C. verbracht
    D. hingebracht

78. Die richtige Antwort ist B.
Der betreffende Ausdruck lautet so, dass man mit einem Auto fährt. Außerdem machen in diesem Zusammenhang ‚auf‘, ‚unter‘, und ‚neben‘ keinen Sinn.

79. Die richtige Antwort ist C.
In der Vergangenheit nimmt das Verb ‚bleiben‘ ‚sein‘, nicht ‚haben‘ an. Ebenfalls wird das Perfekt weder mit ‚wollen‘ noch mit ‚können‘ gebildet.

80. Die richtige Antwort ist A.
Der betreffende Ausdruck lautet ‚sich auf den Weg machen‘, das bedeutet, dass man ein Reflexivpronomen braucht. Weil das Subjekt des Satzes in der zweiten Person Plural ist, muss das Reflexivpronomen ‚uns‘ sein.

81. Die richtige Antwort ist A.
Der betreffende Ausdruck lautet ‚sich auf den Weg machen‘, und das Partizip Perfekt des Verbes ‚machen‘ ist ‚gemacht‘.

82. Die richtige Antwort ist D.
Hier braucht man ein Adjektiv, dass sowohl im Plural als auch im Akkusativ ist.

83. Die richtige Antwort ist C.
Das richtige Verb in diesem Zusammenhang ist ‚verbringen‘, also man muss das Partizip Perfekt ‚verbracht‘ benutzten. Außerdem machen in diesem Zusammenhang ‚zerbracht‘, ‚abgebracht‘, und ‚hingebracht‘ keinen Sinn.

GERMAN

IV. Entschüldigung. Ich bin hier neu und __84__ mich in __85__ Stadt nicht gut __86__. Ich möchte Brötchen kaufen. Können Sie mir bitte sagen, wo sich die __87__ befindet? Ich suche auch eine Metzgerei, weil ich einen __88__ kaufen möchte.

84.	A. weiß	85. A. dieses	86. A. aus	87. A. Gymnasium	88. A. Käse
	B. kenne	B. dieser	B. auf	B. Krankenhaus	B. Gemüse
	C. darf	C. diesem	C. auch	C. Käseladen	C. Obst
	D. soll	D. diese	D. an	D. Bäckerei	D. Schinken

84. Die richtige Antwort ist B.
Der betreffende Ausdruck heißt ‚sich auskennen'. In diesem Zusammenhang machen ‚darf' und ‚soll' keinen Sinn. In diesem Zusammenhang passt das Verb ‚wissen' auch nicht, weil ‚wissen' sich auf Tatsachen bezieht. Im Gegensatz bezieht sich ‚kennen' auf Personen und Orte.

85. Die richtige Antwort ist B.
Das Wort ‚Stadt' ist feminin, und hier braucht man ein Demonstrativpronomen im Dativ, also sind ‚dieses', ‚diesem', und ‚diese' falsch.

86. Die richtige Antwort ist A.
Der betreffende Ausdruck heißt ‚sich auskennen', also sind ‚auf', ‚auch', und ‚an' falsch.

87. Die richtige Antwort ist D.
Man kauft und verkauft Brötchen in der Bäckerei.

88. Die richtige Antwort ist D.
In einer Metzgerei kauft und verkauft man Fleisch, also dort sucht man weder Käse, noch Gemüse, noch Obst. Also ist ‚Schinken' die richtige Antwort.

V. Er hatte Angst __89__ dem großen Hund, weil er glaubte, der Hund __90__ böse. Er wusste aber nicht, dass es zu der Zeit doch nichts zu befürchten __91__.

89. A. von
B. vor
C. wegen
D. in

90. A. sei
B. ist
C. seien
D. seid

91. A. findet
B. gab
C. fand
D. gibt

89. Die richtige Antwort ist B.
Der betreffende Ausdruck lautet ‚Angst vor etwas haben', also ‚von', ‚wegen', und ‚in' sind falsch.

90. Die richtige Antwort ist A.
Hier braucht man ein Verb in der dritten Person Singular. Ausserdem muss das Verb ‚sein' hier im Konjunktiv sein. Also sind ‚ist', ‚seien', und ‚seid' falsch.

91. Die richtige Antwort ist B.
Der betreffende Ausdruck heißt ‚es gibt nichts zu befürchten'. Da man von etwas in der Vergangenheit redet, so muss die richtige Antwort ‚gab' sein.

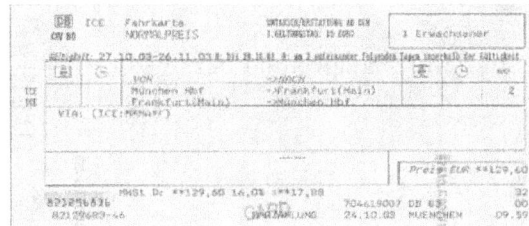

92. Was für einen Zettel ist das?

   A. Ein Flugschein

   B. Ein Strafzettel

   C. Ein Zugticket

   D. Ein Konzertticket

Die richtige Antwort ist C.
Offensichtlich ist der Zettel irgendein Fahrschein. Also ist der Zettel weder Strafzettel noch Konzertticket. Darauf stehen ‚DB' (‚Deutsche Bahn') und ‚München Hbf' (‚München Hauptbahnhof'), also ist der Zettel auch kein Flugschein.

GERMAN

93. Wann gilt diese Karte?

    A. Ab 24. Oktober 2003

    B. Ab 28. Oktober 2003

    C. Ab 27. Oktober bis 26. November 2003

    D. Ab 27. Oktober bis 28. Oktober 2003

Die richtige Antwort ist C.
Auf dem Zugticket steht ‚Gültigkeit: 27.10.03-26.11.03'. Am 24. Oktober 2003 wurde das Zugticket verkauft. Das Datum ‚28. Oktober 2003' bezieht sich nur auf die Hinfahrt.

94. Wieviel kostet diese Karte?

    A. EUR 129,60

    B. EUR 17,88

    C. DM 129,60

    D. DM 17,88

Die richtige Antwort ist A.
Auf das Zugticket steht ‚Preis EUR **129,60'. Da die Währung der Euro (‚EUR') und nicht die Deutsche Mark (‚DM') ist, sind ‚DM 129,60' und ‚DM 17,88' falsch. Da nur die Steuern 17,88 kosten, ist ‚EUR 17,88' auch falsch.

95. Wer darf mit dieser Karte fahren?

    A. Eine Familie

    B. Ein Rentner

    C. Ein Kind

    D. Ein Erwachsener

Die richtige Antwort ist D.
Auf dem Zugticket steht ‚1 Erwachsener', also gilt es weder für Familien, noch Rentner, noch Kinder.

GERMAN

96. Worab fährt man am Anfang der Reise?

    A. Der Anfang der Reise beginnt in Frankfurt.

    B. Der Anfang der Reise endet in Frankfurt.

    C. Der Anfang der Reise beginnt in München.

    D. Der Anfang der Reise endet in München.

Die richtige Antwort ist C.
Die Reise, die man mit diesem Zugticket macht, fängt in München an, denn auf dem Zugticket steht, dass man als allererstes von (ab) ‚München Hbf' nach ‚Frankfurt (Main)' fährt. Die zweite Hälfte der Reise (die Rückfahrt, nicht der Anfang der Reise) fängt in Frankfurt an.

97. Wohin fährt man am Anfang der Reise?

    A. Der Anfang der Reise beginnt in Frankfurt.

    B. Der Anfang der Reise endet in Frankfurt.

    C. Der Anfang der Reise beginnt in München.

    D. Der Anfang der Reise endet in München.

Die richtige Antwort ist B.
Die Reise, die man mit diesem Zugticket macht, ist in Frankfurt zu Ende, denn auf dem Zugticket steht, dass man als allererstes von ‚München Hbf' nach (hin) ‚Frankfurt (Main)' fährt. Die zweite Hälfte der Reise (die Rückfahrt, nicht der Anfang der Reise) ist in München zu Ende.

GERMAN

98. Was für einen Zettel ist das?

    A. Ein Flugschein

    B. Ein Strafzettel

    C. Ein Zugticket

    D. Ein Konzertticket

Die richtige Antwort ist D.
Offensichtlich ist der Zettel kein Fahrschein. Auf dem Zettel stehen ‚musikexpress', ‚Konzertagentur', und ‚prime entertainment', also ist der Zettel auch kein Strafzettel. Er ist dann ein Konzertticket.

99. Wo findet diese Veranstaltung statt?

    A. Samstag

    B. 18:00

    C. Philipshalle

    D. Strasse 15

Die richtige Antwort ist C.
Da die Frage ‚wo?' nicht ‚wann?' ist, sind ‚Samstag' und ‚18:00' falsch. Da ‚Strasse 15' nicht die richtige Adresse ist, muss der Name des Veranstaltungsortes (‚Philipshalle') die richtige Antwort sein.

GERMAN

100. Um wieviel Uhr fängt diese Veranstaltung an?

    A. 20:00

    B. 18:00

    C. 30.05.2009

    D. 35.50

Die richtige Antwort ist A.
Da die Frage nach einer Uhrzeit fragt, sind ‚30.05.2009' und ‚35.50' falsch. Auf dem Konzertticket steht, dass der Einlass um 18:00 ist. Das heißt aber, dass man ab 18:00 in den Veranstaltungsort hineingehen darf. Erst um 20:00 fängt das Konzert an.

101. Welchen Sitzplatz hat der Besitzer dieser Karte?

    A. Er hat keinen Sitzplatz.

    B. Er hat Sitznummer 15.

    C. Er hat Sitznummer 40591.

    D. Er hat Sitznummer 50 in der 35. Reihe.

Die richtige Antwort ist A.
Auf dem Konzertticket steht ‚Stehplatz'. Das heißt, dass während dieser Veranstaltung man die ganze Zeit stehen muss, weil es bei dieser Veranstaltung keine Sitzplätze gibt.

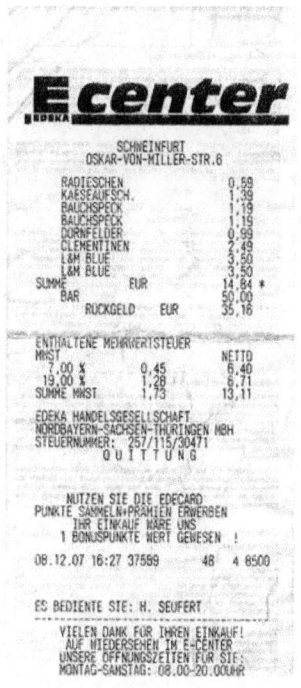

102. Was für einen Zettel ist das?

A. Eine Aufgabenliste

B. Ein Rezept

C. Eine Schweinfurt

D. Eine Quittung

Die richtige Antwort ist D.
Die richtige Antwort ist D, weil man eine Quittung bekommt, wenn man etwas kauft. ‚Quittung' steht sogar auf dem Zettel. Obwohl ‚Schweinfurt' auch auf dem Zettel steht, ist ‚Schweinfurt' der Name der Stadt, in der sich der Laden befindet.

103. Wann wurde der Zettel ausgegeben?

    A. Am 12. Juli 2008

    B. Am 8. Dezember 2007

    C. Am 12. August 2007

    D. Am 7. Dezember 2008

Die richtige Antwort ist B.
Auf dem Zettel steht das Datum ‚08.12.07'. Auf Deutsch wird zuerst der Tag, danach der Monat, und danach das Jahr geschrieben. Also wurde der Zettel weder in 2008 noch im August ausgegeben.

104. Wieviel kosten die Waren insgesamt?

    A. EUR 50,00

    B. EUR 35,16

    C. EUR 14,84

    D. EUR 13,11

Die richtige Antwort ist C.
Die Waren kosten insgesamt EUR 14,84. Die Waren kosten EUR 13,11 vor Steuern. Der Einkäufer hat mit einem 50 Euro Schein bezahlt und vom Kassierer EUR 35,16 Rückgeld bekommen.

105. Was bedeutet das Signal?

　　A. Schnell vom Brückenbereich weggehen

　　B. Langsam den Brückenbereich verlassen

　　C. Ab 22.00 die Brücke überqueren

　　D. Von 23.00 bis 5.00 Uhr die Brücke überqueren

Die richtige Antwort ist A.
Nach dem Schild soll man beim Ertönen des Signals zügig den Brückenbereich verlassen. ‚Zügig' bedeutet schnell, und ‚den Brückenbereich verlassen' bedeutet, dass man vom Bereich der Brücke weggehen soll.

106. Wie erkennt man das Signal?

　　A. Man sieht es.

　　B. Man hört es.

　　C. Man tastet es.

　　D. Man riecht es.

Die richtige Antwort ist B.
Nach dem Schild ertönt das Signal. Mit den Ohren hört man Töne.

GERMAN

107. Wie schließen die schranken?

A. Sehr schnell

B. Sehr langsam

C. Handbetätigt

D. In 5 Minuten

Die richtige Antwort ist A.
Auf dem Schild steht, dass die Schranken in wenigen Sekunden automatisch schließen. Da die Schranken automatisch schließen, sind sie nicht handbetätigt. Da die Schranken in wenigen Sekunden schließen, schließen sie weder in 5 Minuten noch sehr langsam.

108. Wann schließt die Brücke?

A. Ab 22.00 Uhr

B. Fünfmal pro Stunde zwischen 23.00 und 5.00 Uhr

C. Zwischen 23.00 und 5.00 Uhr bleibt die Brücke zu.

D. Einmal pro Stunde zwischen 23.00 und 5.00 Uhr

Die richtige Antwort ist D.
Ab 22.00 Uhr ist die Brücke nicht geschlossen sondern geöffnet. Zwischen 23.00 und 5.00 Uhr schließt die Brücke stündlich (einmal pro Stunde) für ungefähr („ca.') 5 Minuten.

GERMAN

109. Was für ein Schild ist das?

   A. Eine Schildkröte

   B. Ein Verkehrszeichen

   C. Ein Stoppschild

   D. Ein Krankheitszeichen

Die richtige Antwort ist B.
Das Schild ist keine Schildkröte, denn eine Schildkröte ist ein Tier. Es ist auch kein Krankheitszeichen, denn es hat nichts mit Krankheit zu tun. Ein Stoppschild ist eine Art von Verkehrszeichen, aber auf dem Schild steht nicht ‚hält' oder ‚anhalten' oder etwas Ähnliches, also ist das Schild ein Verkehrszeichen.

110. Wo findet man normalerweise so ein Schild?

   A. Unter dem See

   B. Im Schlafzimmer

   C. Auf dem Fußballplatz

   D. Auf der Straße

Die richtige Antwort ist D.
Normalerweise findet man so ein Schild auf der Straße, denn es ist ein Verkehrszeichen, und Verkehrszeichen werden auf Straßen benutzt.

GERMAN

111. Was bedeutet das Schild?

    A. Hier darf man bloß nicht 20 Kilometerstunden fahren.

    B. Hier darf man nicht schneller als 20 Kilometerstunden fahren.

    C. Hier darf man nicht langsamer als 20 Kilometerstunden fahren.

    D. Hier darf man genau 20 Kilometerstunden fahren.

Die richtige Antwort ist B.
Solch ein Verkehrszeichen zeigt die Höchstgeschwindigkeit an, mit der man im Gebiet fahren darf. Also bedeutet das Schild, dass man hier nicht schneller als 20 Stundenkilometer fahren darf.

112. Was für eine Gestalt liegt auf dem Schild?

    A. Ein Kreis

    B. Ein Dreieck

    C. Ein Sechseck

    D. Ein Rechteck

Die richtige Antwort ist A.
Das Schild hat selbst die Form eines Viereckes. Die Gestalt, die auf dem Schild liegt, ist ein Kreis mit der Zahl ‚20' darin.

113. Was ist das für ein Schild?

    A. Eine Ankündigungstafel

    B. Ein Verbotsschild

    C. Eine Warntafel

    D. Ein Gefahrenzeichen

Die richtige Antwort ist A.
Das ist eine Ankündigungstafel, die ankündigt, dass es in 1000 m eine Raststätte gibt. Diese Ankündigung gibt bloß Informationenhen und hat nichts mit Gefahr oder etwas Ähnliche zu tun.

114. Wo befindet sich normalerweise so ein Schild?

    A. Unter dem See

    B. Auf der Autobahn

    C. Auf dem Fußballplatz

    D. Im Badezimmer

Die richtige Antwort ist B.
Normalerweise befindet sich so ein Schild auf der Autobahn, weil die betreffenden Hinweise auf Straßenverkehr ausgerichtet sind.

GERMAN

115. Was bedeutet das Schild?

A. Bald muss man schlafen, essen, oder Benzin holen.

B. Bald gibt es entweder Unterkunftsmöglichkeiten, oder Essmöglichkeiten, oder Tankmöglichkeiten, aber nicht alle drei.

C. Bald gibt es weder Unterkunftsmöglichkeiten, noch Essmöglichkeiten, noch Tankmöglichkeiten.

D. Bald gibt es Unterkunftsmöglichkeiten, Essmöglichkeiten, und Tankmöglichkeiten.

Die richtige Antwort ist D.
Das Schild zeigt an, was es in der Raststätte gibt, nicht was es dort nicht gibt. Dort kann man schlafen, essen, und/oder Benzin holen, ohnes dass es nötig wäse.

116. Was für eine geometrische Form hat das Schild?

A. Ein Sechseck

B. Ein Viereck

C. Ein Dreieck

D. Ein Kreis

Die richtige Antwort ist B.
Auf dem Schild stehen drei Kreise, aber das Schild hat selbst die Form eines Viereckes.

Köln (Deutschland), 29.10.2005 – Ab 11. Mai 2006 wird es nach 15 Jahren erstmals wieder einen täglichen Flug vom Flughafen Köln/Bonn nach New York City geben. Die US-Gesellschaft „Continental Airlines" steuert dort den „Newark Liberty International Airport" an. Die Strecke soll von einer Boeing 757-200 bedient werden, in der 172 Passagiere Platz haben.

Michael Garvens, Chef der Betreibergesellschaft des Flughafens, und Jim Summerford, Vizepräsident von Continental, sind zuversichtlich. Die Gesellschaft rechnet mit 75.000 Fluggästen pro Jahr. Das freut auch Joachim Klein von Germanwings. Köln/Bonn ist eines der Drehkreuze der „Billigfluglinie", von dem aus sie die neuen Fluggäste in ganz Europa verteilen könnte.

Der Preis für die Flüge soll zwischen 550 Euro im Sommer und 350 Euro im Winter liegen. Flug „CO 111" startet um 10:35 Uhr in Köln/Bonn, Ankunft ist 13:20 Uhr, jeweils Ortszeit. Von Newark startet Flug „CO 110" um 18:45 Uhr, der am nächsten Morgen um 08:10 Uhr ankommt.
Artikelstatus: Fertig 13:29, 29. Okt. 2005 (CEST)
https://de.wikinews.org/wiki/Ab_2006_nonstop_von_K%C3%B6ln/Bonn_nach_New_York

GERMAN

117. Worum geht es in diesem Artikel?

A. Wie man ein Flugzeug baut

B. Luftverkehr zwischen den Vereinigte Staaten von Amerika und Kanada

C. Luftverkehr zwischen Deutschland und den Vereinigte Staaten von Amerika

D. Eine 15-jährige Flugreise

Die richtige Antwort ist C.
Ganz am Anfang des Artikels geht es darum, dass tägliche Flüge (Luftverkehr) vom Flughafen Köln/Bonn (in Deutschland) nach New York City (in den Vereinigten Staaten) wieder aufgenommen werden.

118. Wieviel Fluggäste können in der Boeing fliegen?

A. 350

B. 757-200

C. 172

D. 2006

Die richtige Antwort ist C.
Im Artikel steht, dass in der Boeing 757-200 172 Passagiere Platz haben. ‚757-200' ist die Modellnummer des Flugzeugs, ‚2006' ist ein Teil eines Datums (11. Mai 2006), und ‚350' ist ein Preis (350 Euro).

119. Warum freut sich Joachim Klein?

A. Er erwartet mehr als fünfzigtausend Fluggästen pro Jahr.

B. Er erwartet weniger als fünfzigtausend Fluggästen pro Jahr.

C. Er kennt den Chef der Betreibergesellschaft des Flughafens.

D. Er kennt sowohl den Chef der Betreibergesellschaft des Flughafens als auch den Vizepräsident von Continental.

Die richtige Antwort ist A.
Im Artikel steht es, dass die Gesellschaft mit 75.000 Fluggästen pro Jahr (mehr als fünfzigtausend Fluggästen pro Jahr) rechnet. Deswegen sind Garvens und Summerford zuversichtlich, und deswegen freut sich auch Klein.

GERMAN

120. Wieviel wird es kosten, um vom Flughafen Köln/Bonn nach New York City zu fliegen?

    A. 757-200 Euro

    B. 550 Euro

    C. 350 Euro

    D. 350 Euro bis 550 Euro

Die richtige Antwort ist D.
Fast am Ende des Artikels steht es, dass der Preis für die Flüge zwischen 550 Euro im Sommer und 350 Euro im Winter liegen soll. Also ‚550 Euro' ist allein falsch, weil der Preis im Winter etwas anderes sein wird. Ebenfalls ist ‚350 Euro' allein falsch, weil der Preis im Sommer etwas anderes sein wird. ‚757-200' ist kein Preis, sondern die Modellnummer des Flugzeugs.

XAMonline
The CLEP Specialist
Individual Sample Tests in ebook format with full explanations

eBooks
All 33 CLEP sample tests are available as ebook downloads from retail websites such as **Amazon.com** and **Barnesandnoble.com**

American Government	9781607875130
American Literature	9781607875079
Analyzing and Interpreting Literature	9781607875086
Biology	9781607875222
Calculus	9781607875376
Chemistry	9781607875239
College Algebra	9781607875215
College Composition	9781607875109
College Composition Modular	9781607875437
College Mathematics	9781607875246
English Literature	9781607875093
Financial Accounting	9781607875383
French	9781607875123
German	9781607875369
History of the United States I	9781607875178
History of the United States II	9781607875185
Human Growth and Development	9781607875444
Humanities	9781607875147
Information Systems	9781607875390
Introduction to Educational Psychology	9781607875451
Introductory Business Law	9781607875420
Introductory Psychology	9781607875154
Introductory Sociology	9781607875352
Natural Sciences	9781607875253
Precalculus	9781607875345
Principles of Macroeconomics	9781607875406
Principles of Microeconomics	9781607875468
Principles of Marketing	9781607875475
Principles of Management	9781607875468
Social Sciences and History	9781607875161
Spanish	9781607875116
Western Civilization I	9781607875192
Western Civilization II	9781607875208

TO ORDER  XAMonline.com or **amazon** or **BARNES&NOBLE** BOOKSELLERS

XAMonline
CLEP
Full Study Guides

CLEP College Algebra
ISBN: 9781607875598
Price: $34.95

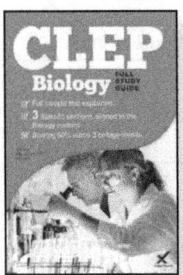
CLEP Biology
ISBN: 9781607875314
Price: $34.95

CLEP Analyzing and Interpreting Literature
ISBN: 9781607875260
Price: $34.95

CLEP College Composition and Modular
ISBN: 9781607875277
Price: $19.99

CLEP College Mathematics
ISBN: 9781607875321
Price: $34.95

CLEP Psychology
ISBN: 9781607875291
Price: $34.95

CLEP Spanish
ISBN: 9781607875284
Price: $34.95

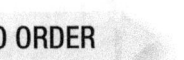 or amazon or BARNES & NOBLE BOOKSELLERS

XAMonline
CLEP Subject Series
Collection by Topic
Sample Test Approach

CLEP Literature
ISBN: 9781607875833
Price: $34.95

CLEP Foreign Language
ISBN: 9781607875772
Price: $34.95

CLEP History
ISBN: 9781607875789
Price: $34.95

CLEP Sociology
ISBN: 9781607875796
Price: $34.95

CLEP Science
ISBN: 9781607875802
Price: $34.95

CLEP Mathematics
ISBN: 9781607875819
Price: $34.95

CLEP Business
ISBN: 9781607875826
Price: $34.95

    or  or BARNES & NOBLE BOOKSELLERS

XAMonline

CLEP Favorites

Collection by Topic
Sample Test Approach

CLEP Five Favorites
ISBN: 9781607875765
Price: $24.95

CLEP Military Favorites
ISBN: 9781607875512
Price: $24.95

  or  or